サバイバル英文法
「読み解く力」を呼び覚ます

関 正生 Seki Masao

NHK出版新書
472

プロローグ

　「現在形には確定した未来を示す用法があり、現在進行形には近い未来を表す用法がある」「分詞構文には時・理由・条件・譲歩・付帯状況の5つの訳し方がある」「getという基本動詞には『得る』という意味の他に、『あげる』という真逆の意味があるので注意しよう」……。

　こういった内容はどれも英文法の必須事項として取りあげられることばかりなので、どこかで聞き覚えがあるかもしれません。
　それにしても、今あらためて英文法のこうした説明を見直してみると、ずいぶんと細かい内容に思えるのではないでしょうか。加えて、それがよく使われる重要なことなのか、はたまたとりあえず無視しても困らない些細なことなのか、これではわかりません。わからないまま、こういうことを頭に詰め込む作業に終始したという経験、心当たりはないでしょうか。

英語はもっとラクに学べる

　書店の語学書コーナーを見渡すと、膨大な数の社会人向け「やり直し英語」本や英文法の基本を学ぶ本が並ん

でいます。でもそれらの多くは、我々が学生時代に習ったような難解な文法用語を駆使した無味乾燥な説明を、単に易しい言葉で言い換えただけのもののような気がします。

　勉強できる時間が限られている大人が、勉強だけに専念できた学生時代でも大変だった方法を、あえて今、もう一度やり直す必要はありません。

　なぜなら英語はもっと、ラクに学べるからです。「ラク」と言っても、無理やり文法用語を使わず説明したり、無意味に易しい言葉で説明したりするのでもなければ、初歩的で決まりきった会話のやり取りを目指すわけでもありません。

　この本で強調したい「ラク」とは、**それぞれの文法の核心を先に知る、つまり各文法を「芯でとらえる」ことで、無駄な暗記はギリギリまで減らせる**ということです。

知識を機能させるには

　確かに英語の勉強に「暗記」は必要でしょう。単語の意味を覚えないことには何も始まりません。しかし、無味乾燥なルールをただ丸暗記するのは２つの意味でよくありません。それは純粋に非効率的であるということ、そしてもう１つは、それによって文法の本質を見失い、その文法が発するメッセージを理解できなくなってしまうということです。

これをサッカーで例えてみましょう。

「オフサイドってなんなの？」というサッカーの初心者に、熱心なサッカーファンほど「相手チームのディフェンスの最終ラインを越えたところで仲間のフォワードがパスを受けてはいけないんだよ」、といった説明をしがちです。しかし初心者の側からすれば、そう言われてもわからないですよね。こういう細かい説明は、聞き手を置き去りにしてしまいます。では、サッカーに詳しくない人にオフサイドをどう説明すればいいか。

　それは、そんなルールがなぜ存在するのか、その核心にあたるものは何かを考えればいいのではないでしょうか。プレーヤーが1人だけ敵ゴールのそばにいて待ち伏せすると、ロングパス1本であっさり得点が入ってしまいます。それを禁じるためにオフサイドというルールがあるのでしょう。一言でまとめると、オフサイドとは「（ゴール前での）待ち伏せ禁止」ということです。

「待ち伏せ禁止」……サッカー観戦を楽しむにはそれで十分です。しかも、ここからスタートすれば、敵味方の駆け引きや戦術に気づく機会が増え、より深く観戦を楽しむきっかけにもなるでしょう。

　わざわざサッカーで例えたのは、英文法にも通ずるものがあるからです。「the は『その』と訳す。最初に出てきた名詞には a をつけるが、2回目からは the をつける」といったことをいきなり覚えても、それがいったい何なのか、わかりませんよね。詳しくは本編で解説しま

すが、ここで「theとは"共通認識"であり、その場に居合わせた人全員が『せーの！』で一斉に指をさせるものにtheを使う」という冠詞theの核心を先に知っていれば、2回目にはtheを使うとか、earthやsunにはtheがつくのにstarには必ずしもtheがつくとは限らないとか、細かいことを覚える手間が一気に省けます。

　それだけではありません。実際に英語に触れたときに、「この文法はこうやって使われてるんだな」「この文法が使われてるから、こういうことを言いたいんだな」「こう読めばいいんだな」と気づく機会も格段に増えていきます。つまり、**文法を芯でとらえると、そのルールがそのまま機能し、具体的に役に立つ**のです。

　それは次に交わすかもしれない英会話の中でかもしれないし、近いうちにする海外旅行の中、あるいはいつかトライしたいと思っている洋書の中でかもしれません。さまざまな場面で機能します。それこそが、「核心を知ること」の真骨頂です。

英語の"森"に、身軽に分け入る

　僕は大学生のときから、20年ほど予備校で全国の大学受験生に英語を教え、現在はリクルートの運営するオンライン予備校『受験サプリ』で、全国数十万人の受験生に向けてパソコン・スマホを通した動画授業を行っています。

同時に「英語の核心をつかんだ勉強法は受験勉強だけでなく、TOEICテストなどの資格試験や日常会話、ビジネス英語にも使える」という考えのもと、大学や企業での講演、そして本書のように英語に関する書籍や英字新聞・英語雑誌の記事執筆を続けています。

　決して特殊な環境にいたわけでなく、特別な訓練を受けたこともありません。日本で生まれ育ち、中学1年から英語を始め、普通に高校・大学受験を経験しました。28歳まで海外旅行すらしたことがなかったので、英語の教え手としては珍しいほうかもしれません。いまだに短期留学すらしたことはありません。

　しかも、子供のころからコツコツ努力することが苦手で、地道な努力を必要とする英文法の暗記が嫌でたまりませんでした。最初はラクしたいがために「何か法則があるはず」と考え出し、調べ出して、この仕事を始めてからは、仮説を立てて実際の英文で検証を行うという試行錯誤を繰り返してきた成果が本書の内容です。

　解説する項目はいずれも、無駄な暗記を徹底して排するという方針のもと、極限まで研ぎ澄ませています。それをもってすれば、覚えることが減るのみならず、丸暗記型の学習ではフォローしきれない多くの状況に対応できるようになるはずです。その意味で、本書は言ってみれば**英文法のサバイバルキット**の役目を果たします。英語の世界を"森"にたとえるなら、これから紹介する文法事項は、その森の中を身軽に分け入っていくための道

具立て、と言えるでしょう。

> **本書の構成**

　最後に、本書の構成をお伝えします。

　繰り返しになりますが、本書は膨大な英文法の知識を網羅するものではありません。正しく知っておけば便利であるにもかかわらず、誤解が多い内容に話を絞り、その核心部分を示したものです。そしてそれが具体的にどう役立つかにも触れました。

　第1講「**直感的に意味がわかる**」では、冠詞 the から始まり、名詞や時制など、基本的ながら多くの人が勘違いしがちな項目の核心をお示しすることで、まずは本書の示す英語の世界の入り口に立っていただきます。

　第2講「**知らない単語の意味がわかる**」では、誰もが一度は習う、でもどこでどう役に立つかは教えてもらえない文型や語法から、英語は形が意味を支配するということ、簡単に言えば「知らない単語は形から考えれば意味を導ける」ということを紹介します。

　第3講「**形からニュアンスがつかめる**」では、仮定法や助動詞など、話し手の気持ちを反映する文法について解説します。その文法が使われる理由やしくみを知ることで、英語の使い手が伝えたいニュアンス、そこに込められている気持ちを実感できるようになるというわけです。

第4講「**スムーズに読みこなす**」では、あの悪名高い「クジラの構文」を一瞬で読み下す技術から始まり、分詞構文や関係代名詞など、英文を読みこなしていくうえで欠かせない重要な単元を解説します。

　英文法は決して難しくない、そして学び方によってはかなり使えるということが実感できれば、ただのアルファベットのカタマリにすぎなかった英語が、血の通った人間のメッセージであることに気づくでしょう。そしてその先には、新しい英語の世界が見えてくるはずです。この本を手に取ってくださった皆さんに、「英文法って役に立つんだ」と、思わずつぶやいていただける日がくれば幸いです。

サバイバル英文法──「読み解く力」を呼び覚ます　目次

プロローグ……3

第1講　直感的に意味がわかる……13

冠詞 the
「せーの!」でみんなが指させる?……14

冠詞 a・an
ルーツがわかれば意味もわかる……21

名詞の可算・不可算
「判断基準」だけ知っておく……26

現在形
文法用語を一掃しよう……34

進行形
暗記が激減! 5秒ルール……39

完了形(現在完了形・過去完了形・未来完了形)
1つのイメージで9用法が氷解……50

第2講　知らない単語の意味がわかる……63

文型
文型から動詞の意味がわかる!①……64

文型
文型から動詞の意味がわかる!②……74

語法 その1
一網打尽! tell型18パターン……86

語法 その2
超シンプル、that節をとる動詞の語法……91

語法 その3
suggest型の突破口……94

第3講 形からニュアンスがつかめる……103

仮定法
手がかりは助動詞の過去形……104

助動詞 will
"I'll be back."の本当のニュアンス……118

助動詞 can
なぜ"Could be."は「かもね」なのか……124

助動詞 may・must
可能性、はっきり言ってどのくらい?……130

助動詞 shall・should
ヒントは『聖書』の中にある……138

受動態
使われるのにはワケがある①……144

受動態
使われるのにはワケがある②……151

感情動詞
会話を彩る動詞のしくみ……157

第 4 講 スムーズに読みこなす……169

比較級
秒速でわかる！ クジラの構文……170

be to構文
5つの訳語をひとまとめに……181

so 〜 that構文
ネイティブ感覚で読む技法……187

分詞構文
考え方は、とことん「適当」……194

関係詞
返り読みしないテクニック……202

強制倒置
倒置を見抜く頭をつくる……220

任意倒置
シャッフルにはパターンがある……228

エピローグ……241

第 1 講

直感的に
意味がわかる

Q 次の文の意味を考えてみてください。

What do you do?

冠詞や時制にはさまざまな用法があり、それがそのまま羅列されがちです。本講ではそれをコツコツ暗記するのではなく、核心をピンポイントで押さえることで機能の本質を捉え、言葉が何を意味しているのか、直感的に把握する力を身につけます。会話でよく使われる上記の表現、「あなたは何をしますか」ではありませんよ。和訳の暗記ではなく、文法の力でスムーズに理解できるようになりましょう。

冠詞 the
「せーの!」で みんなが指させる?

　aとtheの使い分けは多くの人にとって悩みのタネのようで、本当によく質問されます。誰が言い出したか知りませんが、英語教育の世界には「前置詞3年、冠詞8年」という言葉まであるくらいです。

　でも、ポイントを1つ押さえるだけで、ほとんどのtheは理解できるようになります。

theはどう習った?

　それを説明する前に、まずは一般的なtheの説明を見ておきましょう。どう習ったかを知れば、なぜtheに混乱するのか、その原因がわかるからです。

　theの使い方は、「theは『その』と訳す。最初に出てきた名詞にはaをつけるが、2回目からはtheをつける」と習います。僕も中学生のころそう習いました。なぜ覚えているかというと、theを習ってそんなに経たないうちに出てきた命令文の説明で、次のような例文が出てきたからです。

Open the window.

　まさか、こんなにもすぐに「最初はa、2回目からはthe」が成立しないケースが出てくるとは…という感じです。ちなみに「最初はa、2回目からはthe」というルールにうまく合致する文はこんな感じです。

I saw a dog in front of my house. The dog followed me to the station.
「家の前で、（ある）犬を見かけた。その犬が駅までついてきたんだ」

　最初はa dog、2回目にはThe dogとなっており、「その犬」という訳がぴったりです。でも2文目の最後にはthe stationと、いきなりtheがついているものもありますね。
　もう少し、中学英語の範囲でtheを使った文を見てみます。

The sun rises in the east.
「太陽は東から昇る」
Mt. Fuji is the highest mountain in Japan.
「富士山は日本で一番高い山だ」

こちらにも「最初はa、2回目はthe」が通用しません。

1つ目は「天体のthe」「方角のthe」などと呼ばれ、the sun、the eastといったように、天体や方角には常にtheがつくと教わります。2つ目については比較級の表現で、「最上級にはtheをつける」と習ったはずです。

> **theに困らないたった1つのポイント**

　というわけで、どうして冠詞のtheに混乱するのかというと、「最初はa、2回目からはthe」というスタート地点がおかしいことや、「天体のthe」「方角のthe」「最上級のthe」などと、次々と個別のルールが出てくるからでした。こんなにいっぱいルールを覚えていられません。

　それでは、theの核心を押さえましょう。ここまで出てきたすべてのtheに共通するのは、「**特定できる**」ということです。言い換えると、共通認識できるとき、皆で一斉に指をさせるときにtheが使えるということです。これがtheのたった1つのポイントです。

冠詞theの核心

「共通認識できる（皆で一斉に指をさせる）」ときにはtheを使う

「最初はa、2回目からはthe」というルールは、最初に出てきた名詞が目印となって、2回目に出てきた名詞が何を指すのか共有できるからtheが使えるのです。15ページの例文なら、a dogの時点では単に1匹の犬ですが、2文目でthe dogとなった瞬間に「家の前で見かけたあの犬」を指します。

　天体や方角のtheについても同様です。天体や方角は1つしかありません。「一番高い山」のような最上級にtheがつくのも、1つに限定できるからです。

　ちょっと戻って、先ほどの文を再度見てみましょう。

I saw a dog in front of my house. The dog followed me to the station.

　このthe stationとは、お互いが共通認識できる駅を想定しています。日本語でも、家族や地元の人同士で「駅」「図書館」と言えば、最寄りの駅や図書館のことだとわかりますよね。その感覚です。

　また関連して、序数にtheがつくのも自然に理解できます。序数とはthe first、the second、the lastのように順序を表すものですが、順序は誰もが共通認識できるからtheがつくわけです。たとえば、友人の中で3番目にその映画を見た人といえば、誰のことかはっきりしますよね。

時間持ってる？　どの時間？

このポイントを押さえると、次のような会話表現も理解できます。

Do you have the time?

この文の意味は「時間がありますか」ではありません（そう言いたいときにはtheのないDo you have time?です）。このthe timeとは「共通認識できる時間」ということです。では、その場に居合わせた皆で共通認識できる時間、一斉に指をさせる時間とは何か。

「現時刻」ですね。この表現は、現時刻を何らかの手段で持っていますか、つまり「今何時かわかりますか」という意味です。

時刻を尋ねる表現としてはWhat time is it? が有名ですが、この言い方はいきなり「何時ですか」と聞く直接的な表現です。Do you have the time? は、「時間がわかるかどうか」とワンクッション置いているので、その分だけ丁寧になり、実際よく使われます。

応用表現 "the＋複数形" もマスター

ついでにtheが複数形と一緒に使われるパターンもマスターしておきましょう。

> 📖 the＋複数形の意味
>
> **1 一族、家族**
> the Simpsons「シンプソン一家」
>
> **2 （一部の）国名**
> the United States of America「アメリカ合衆国」
>
> **3 年代**
> the 1980s「1980年代」

　1つずつ暗記する必要はありません。the＋複数形とは共通認識できる複数の人や物、つまり**「特定集団」**と考えればいいわけです。

　一族、家族とは、同じ苗字を持つある特定の人たちのことですね。国名も、アメリカ合衆国（the United States of America）は50の州で構成される特定の集まりのことですし、アラブ首長国連邦（通称UAE）もアブダビやドバイなどの首長国が集まった特定の集まりなので、the United Arab Emiratesです。最後の年代も、the 1980sならば、1980から1989年までの特定の人々の集まりと考えて、それが集まった期間、ということから1980年代になるわけです。

　このthe＋複数形、一昔前には身近なところに例がありました。ミュージシャンのバンド名によく使われていたからです。海外ではThe Beatles、日本ではザ・チェッカーズ（THE CHECKERS）などです。もともとは

音楽バンドとして活動を始めたお笑いグループのザ・ドリフターズ（The Drifters）もそうです。

theがつかない複数形もあります。theがつかないということは共通認識できないわけですから、「**総称（〜というものすべて）**」を表します。dogsなら「犬一般」のことです。犬種を問わず、すべての犬を指して何か言いたいときにこう表します。この用法は自己紹介などで、I love dogs. と言いたいときに重宝します。

一方、the dogsなら、話し手と聞き手に共通認識できる「特定の犬の集まり」となります。

冠詞a・an
ルーツがわかれば
意味もわかる

　theがわかったら、a（an）もマスターしておきましょう。冠詞には2種類あって、theは定冠詞、a（an）は不定冠詞と呼ばれています。

　aは下記のように、いくつもの意味に派生します。

> 📖 **aの派生した意味**
>
> **1**「ある1つ」
>   in a sense「ある意味で」
>
> **2**「同じ」
>   birds of a feather「同じ種類の鳥」
>
> **3**「〜につき」
>   once a week「1週間につき1回」
>
> **4**「いくらか（のカタマリ）」
>   Just a moment.「ちょっと待って」

　普通は、先にaを説明してその後にtheが説明されるのですが、この本では先にtheを扱いました。なぜかというと、ズバッと決まるtheのほうが圧倒的に簡単だからです。一方aは扱う範囲が広く、theをマスターしな

第1講　直感的に意味がわかる　21

いまま立ち入ると大変面倒です。そこで、まずはtheをきっちり押さえてから、「ズバッと決まらないときにaを使うのでは」と考えると、かなりラクになります。

> **aはもともとoneだった！**

　aが使われるのは、不定冠詞という名が示す通り、定まらないときです。つまり、共通認識できないようなとき、具体的に言えば「たくさんある中の1つ」を指すときにaを使います。

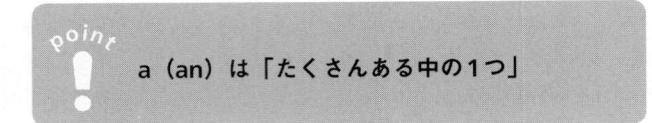

point！ a（an）は「たくさんある中の1つ」

　中学英語では「数えられる名詞にはaをつける。ただし母音の前ではanになる」と説明されます。こう聞くとaがanに変化するように錯覚しますが、歴史的には学校で習う順序と逆で、anがaに変化したのです。

　そして、そのanがもともと何だったかというと、数字の1、oneでした。oneとanは発音もつづりも、aよりは似ていますね。そのanから、子音で始まる単語のときだけnが取れてaが生まれました。つまり、one→an→aという流れです。

　oneは「（たくさんある中の）1つ」という意味です。だから、そこから生まれたanもaもその意味を継承し

ているのです。

> **核心から派生を考える**

　このaはいくつもの意味に派生しているわけですが、決してむちゃくちゃに派生しているわけではありません。「たくさんある中の1つ」を押さえることで、無味乾燥に羅列された用法をコツコツ丸暗記しなくてもよくなります。21ページの一覧の内容で、それぞれ確認してみましょう。

①「ある1つ」
　「(たくさんある中の)1つ」が「ある1つ」になるというのは単純ですね。21ページで例として挙げたin a senseは「(たくさんの意味の中から)ある1つの意味で言うと」というのが直訳で、だから「ある意味で」になるわけです。

②「同じ」
　「(たくさんある中の)1つ」→「種類が1つ」→「同じ」という意味が生まれました。ちなみに、Birds of a feather flock together.（類は友を呼ぶ）ということわざがあります。直訳すると「同じ種類の羽を持つ鳥は、群れを成す」です。

③「〜につき」

「たくさんある中の1つ」から、「1つ」が強調され、「1つにつき」となりました。

④「いくらか（のカタマリ）」

aのこの意味はほとんど説明されません。このaは、「たくさんある中の1つ」→「1つ（のカタマリ）」となり、次に「カタマリ（ある程度の量）」が強調され、最終的に「いくらか（のカタマリ）」を示すようになりました。

この場合は、厳密に「1」である必要はありません。たとえば、Wait a minute.（ちょっと待って）という表現は直訳すると「1分待って」ですが、この1分はあくまでも「少し」を代表して1を使っているわけです。

もう1つ、「カタマリ」となる身近な例を挙げると、a few（少しの）という熟語があります。これは「2、3の」と訳されるように、厳密に「1」を表しているわけではありません。ここで使われるaも「少しのカタマリとして認識できるくらい少数の」ということです。

真実は1つ、ウソはたくさん

最後に、aとtheが使い分けられる表現を見てみましょう。

tell the truth
「真実を話す」
tell a lie
「嘘をつく」

　真実にはtheが使われ、嘘にはaが使われます。真実は1つですから、いつだって共通認識できます。一方、嘘にはいろいろな嘘があります。とくに欧米では、white lieという「罪のない嘘」（相手を傷つけないために必要な嘘）の認識が、日本よりも色濃くあるんです。それも踏まえて、嘘は（たくさんある嘘の中の）1つということで、tell a lieとなるわけです。

名詞の可算・不可算
「判断基準」だけ知っておく

　英語の世界に数えられる名詞（可算名詞）と数えられない名詞（不可算名詞）があることはご存じでしょう。でもその判別となると、途端に難しくなる。なぜかというと、日本語には名詞を「数えない」という発想がないからです。

　そのため、多くの人が「appleは数える、bedも数える、waterは数えない、informationも数えない…」と、単語を覚えるたびに1つ1つ丸暗記をして乗り切ろうとします。高校・大学入試でもよく問われますから、そんな経験が記憶に残っている人も多いでしょう。

　でも、「数える」とされるappleがanもつかず、複数形にもならずにShe ate some apple. といったように使われることもあるのです。もっと身近な例としては、go to bed（寝る）という表現、bedは数えられるはずなのに、aがついていませんよね。

　また、同じくらい簡単な次の文はどうでしょうか。

　I go to school.

schoolは数えられる名詞です。ところがこの文のschoolには冠詞aや複数のsがありません。

　こうした初歩的な文でもちょっと考えてみれば疑問が生じるわけですから、1つ1つ覚えていくのは理不尽なことです。大切なのは、「数えられるか否か」の判断基準を先にしっかり持っておくことなのです。

ほとんどの名詞は数えられて、数えられない

　そこで、まず大事な前提をお伝えします。

　英語におけるほとんどすべての名詞は、「数えられる」「数えられない」とはっきり切り分けることはできません。「可算名詞として使われることが多い」「不可算名詞として使われることが多い」という単語ごとの傾向はあるものの、1つの単語には両方の使い方があるのが普通なのです。

　辞書を引いてみれば、ほとんどの名詞には可算名詞を表すⒸのマーク（countable〔数えられる〕）と、不可算名詞を表すⓊのマーク（uncountable〔数えられない〕）の両方が表記されていることがわかります。片方しかない名詞もありますが、それを探すのは大変なくらいに少ないのです。すなわち、時と場合によって、可算名詞なのか不可算名詞なのかを判断しないといけないということです。

第1講　直感的に意味がわかる

> **切り分けるポイント**

　しかし、時と場合によるということは、きちんと判断基準があるということです。**その判断基準とは「はっきりした形があるかどうか」です。**

　まず、これを押さえてください。

> **point!**
> はっきりした形があるときは、数えられる
> はっきりした形がなければ、数えられない

　数えられるときは、ネイティブの頭の中にははっきりとした形が浮かんでいます。an apple と言えば赤くて丸いリンゴが1つ、apples ならば複数の赤くて丸いリンゴが頭の中に浮かんでいます。つまり「数えることができる」というのは、完全体で1個（もしくはその複数）をイメージできるということです。

　一方、リンゴに包丁を入れて形が変わったら、はっきりした形が失われるので、数えられなくなります。また、はっきりした形を持たないようなとき、water を「水」という意味で使うときや、love を「愛情」として使うときのように、それ自体がはっきりした形を持たないときには数えられません。

不可算名詞の2つの特徴

この「はっきりした形がない」ということをもう少し詳しく見ると、特徴は大きく2つに分けられます。1つは「目に見えない（のではっきりした形がない）」というグループ、もう1つは「切りようがない・切っても変わらない（のではっきりした形がない）」というグループです。1つずつ見ていきましょう。

---

1 目に見えない
情報系：information 情報 / news ニュース / advice アドバイス　など
仕事系：work 仕事 / homework 宿題 / housework 家事　など
利害系：fun 楽しみ / damage 損害 / progress 進歩　など

日本語では「アドバイスを1つ」なんていうのは自然な言い方ですが、アドバイスは具体的な形がないので英語では数えられません。そう考えると、workやhomeworkが目に見えないというのがピンとこない人もいるでしょうが、これも仕事や宿題そのものは決して目には見えず、あくまで働く人や宿題のノートが見える、というのが英語の発想です。

次にもう1つのグループです。

> **2 切りようがない・切っても変わらない**
> water 水 / coffee コーヒー / sugar 砂糖 /
> bread パン　など

　要は、「これ!」という形がないものです。これらはどう切ろうが、どんな形になろうが、それ自体の性質は失われません。sugarは角砂糖でも丸くても粉状でも甘く、砂糖としての性質は変わりませんね。反対にpenやbookを半分に切ったりすれば本来の性質は失われるので、こちらは数えられます。

基準を持てば、景色が変わる

まとめましょう。
　まず判断基準は「はっきりした形があれば数える、なければ数えない」でした。そして、数えられない場合は2パターン、「目に見えない」「切りようがない・切っても変わらない」があるということでした。
　さて、ここからもう少し発展します。
　おさらいですが、aや複数のsがついて数えられるときは、その名詞の形がはっきりと浮かぶのでしたね。付

け加えると、myなどの所有格がつく場合も「私が所有する○○」のようなイメージになるので、形が頭に浮かびます。一方、不可算名詞は決まった形を持たず、断片や液体、もしくは抽象的な概念だったりします。

　ネイティブの頭の中には、数えるか数えないかの傾向はあるものの、それはあくまでも傾向にすぎず、はっきりした形が浮かぶ、もしくは浮かぶといってもいいような具体的なものは数え、普段は可算名詞としての用法が主流でも、量や抽象的な概念を示したいときには数えない、という柔軟さがあります。そこで、先ほど示したものをさらに詳しくまとめてみました。

可算・不可算名詞のまとめ

1 冠詞 (a・an)／複数形 (-s)／所有格 (my) がつく
　→はっきりとした形が浮かぶ

2 aも複数のsもつかない
　→（不可算名詞扱いで）
「量」や「抽象概念（目的・習慣）」を表す

　普段は可算名詞として使う名詞にaも複数のsもつかないならば、そのときは「量」か「目的・習慣」を表すということです。切っても変わらない量扱い、もしくは目に見えない目的・習慣の扱いになるのです。

　たとえば、appleなら次のように使い分けます。

an apple → リンゴ（丸々）1個
　apple → ウサギの形に切ったリンゴや（サラダやヨーグルトの中にある）リンゴ片

> **school は「学校」じゃない？**

　不可算名詞扱いの抽象概念はほとんど「目的・習慣」としてまとめられるのでそう表記しました。このケースについて、最後に見ておきましょう。

　冒頭で、I go to school. のschoolにはaがついておらず、数えられない名詞扱いになっているという話をしました。schoolに「量」というのは当てはまらなさそうなので、「目的・習慣」と目星をつけます。学校の目的、学校で習慣的に行うことって、何でしょうか。

　勉強、ですね。このschoolは「学校（の校舎）」という意味ではありません。学校の目的、「勉強」という意味です。辞書でschoolを引くと、「Ⓤ学校（の教育）・授業・勉強」「Ⓒ学校（の建物)」と2つの項目に分かれているのがわかります。

　したがって、I go to school. は「私は勉強をしに行きます」が正しい解釈です。単に待ち合わせで学校に行くときや、保護者が学校に行くときにはI will go to the school. などと表現されます。ちなみに、schoolは本来ギリシア語で「余暇」→「余暇に行う学び」という意味

で、勉強という意味のほうが本来の意味にも忠実です。

　もう1つのgo to bedも見てみましょう。schoolと同じ要領で、bedの目的って何でしょう。

　睡眠ですね。だからgo to bedは「寝る」という意味になるわけです。もしgo to a bedならば、単に「ベッドのほうに行く」となるのも納得できるでしょう。

現在形
文法用語を一掃しよう

　現在形と聞くと、なんとなく「現在のことを表す」と思いませんか。でも、たとえば次の文を見てください。

I play tennis.

　「私はテニスをします」という意味ですね。この表現、話し手は今まさにテニスをしている最中でしょうか。わかりにくければ、I play tennis. の後ろに付け足せそうな表現を考えてみてください。I play tennis every Saturday. とか I play tennis after work. といった感じです。

　そう、今まさにテニスをしているわけではないのに、現在形が使われるのです。つまり、少なくとも現在形の「現在」とは、必ずしも今この瞬間のことではありません。用語の簡潔さとは裏腹に、忠実にその内容を表しているかと言うと、決してそんなことはないのです。

やたらと堅い3用法

現在形は、教科書的には以下のように「習慣」「不変の真理」「確定した未来」という使い方があるとされています。

> 📖 教科書的な説明
>
> 動詞の現在形には以下3つの用法がある。
> 主語が3人称単数の場合は動詞の語尾にsをつける（3単現のs）。
>
> **1 習慣**
>   I go for a drink after work.「私は仕事の後に飲みに行く」
>
> **2 不変の真理**
>   The sun rises in the east.「太陽は東から昇る」
>
> **3 確定した未来**
>   The train arrives at eight.「その電車は8時に着く」

どれも今この瞬間のことを表すわけではないことは共通していますが、このへん、「不変の真理」などやたらと用語が仰々しいですよね。「確定した未来」というのも何をもって確定なのでしょう。それがわからないと、どんな場面で使うべきなのかもわからないので、英文法の知識は実用的ではないなんて思われてしまいます。

現在形はもっと直感的に理解できます。用法の名前を3つも覚える必要はありません。

というのは、現在形は今のことだけでなく、現在を含む過去、そして未来の行為まで、**昨日も今日も明日も、繰り返し起きることに使われるのです**。つまり、現在形は「現在・過去・未来形」なのです。

> 現在形はこう覚える!
> **現在形とは「現在・過去・未来形」**

昨日も、今日も、明日も

この視点から3用法を見直してみましょう。
まずは①「習慣」です。

I go for a drink after work.
「私は(昨日も今日も明日も)仕事の後に飲みに行く」

習慣とは、昨日も今日も明日も行われることですね。
次に②「不変の真理」です。

The sun rises in the east.
「太陽は(昨日も今日も明日も)東から昇る」

不変の真理とは要するに、常に変わらない事実のこと

です。「現在・過去・未来形」そのものですね。

最後に③「確定した未来」です。

The train arrives at eight.
「その電車は（昨日も今日も明日も）8時に着く」

先ほど「確定」が何をもって確定なのか、はっきりしないということに触れましたが、もうおわかりでしょう。電車の発着は未来の1回きりではなく、毎日決まった時間に行われます。そういった毎日繰り返し行われる行為のことを、文法用語では確定と呼んでいるわけです。

逆にどんなに固い決心であっても「俺は今夜、企画書を作る」というのは、繰り返し行われることではありませんから、「確定した未来」とは言えません。

「現在・過去・未来形」を活用する

というわけで、現在形は「現在・過去・未来形」で大丈夫です。これで覚えることは減りました。しかし「で、それが何なの？」と思う方もいるかもしれませんので、これがどう役立つかも紹介します。

「日本人は文法ばかりやっているから英会話ができない」と言われることが多いのですが、僕はそうは思いません。きちんと英文法をやらないのに、会話なんてでき

るはずがないと考えています。確かな英文法の知識は、英会話でも十分な力を発揮するからです。

論より証拠ということで、現在形を使った会話表現を見ていきましょう。次の会話表現を知っていますか。この第1講の冒頭のクイズに出てきた表現です。

What do you do?

「何をしているんですか」という意味ではありません（そう言いたいときにはWhat are you doing? です）。

What do you do? は「あなたのお仕事は何ですか」と相手の職業を聞く表現で、初対面のときに頻繁に使われます。さて、どうしてこの意味になるのか、予想がつくのではないでしょうか。

「現在形＝現在・過去・未来形」から考えると、ここで表現されているのは「あなたは毎日何をしますか」ということであり、そこから「あなたのお仕事は何ですか」となるわけです。この表現の意味を知らなくても、現在形の核心を押さえておけば、自力で正しい意味を導けます。これが「文法の力」なのです。

あるいは、形が似た表現にWhat do you do for fun? があります。これも「あなたが毎日、楽しむためにすることは何ですか」ということですから、「趣味は何ですか」という意味です。

進行形
暗記が激減!
5秒ルール

　現在進行形は be + -ing を「〜している」と訳せばそれで大丈夫と思われがちですが、その考え方から入ると後々大変です。

　とりあえず、一般的な説明を見てみましょう。

> 📖 教科書的な説明
>
> **1 基本形**　be＋-ing「〜している」
>
> **2 進行形にできる動詞とできない動詞**
>   ❶ 動作動詞は進行形にできる　run / eat / study
>   ❷ 状態動詞は進行形にできない　like / live / resemble
>
> **3 状態動詞の例**
>   ❶ 所属・構成など
>   live 住んでいる / belong to 属している / resemble 似ている / have 持っている / own 持っている
>
>   ❷ 知覚・心理など
>   know 知っている / smell 匂いがする
>   taste 味がする / like 好む / love 好む / see 見える
>
> **4 例外・諸注意**
>   ❶ 状態動詞でも意味によっては進行形にできる
>   (a) have が「所有」以外の意味のとき
>   「持つ」→ 進行形にできない

> 「飲む・食べる」→ 進行形にできる
> She is having lunch.「彼女は昼食中です」
>
> (b) 知覚・心理状態であっても意思のある動作のとき
> He is seeing the sights of London.
> 「彼はロンドンの名所を観光中です」
>
> (c) 一時的な現象や活動を表すとき
> I'm thinking of a trip to Okinawa.
> 「沖縄への旅行を検討している」
>
> ❷ 現在進行形で近い未来を表すこともできる
> They are marrying next week.
> 「あの2人は来週結婚する予定です」

　進行形は意外と大変そうだ、というのがおわかりいただけたでしょうか。「〜している」から入ると、進行形にできない動詞や、意味によって進行形にできたりできなかったりする動詞や、「進行形が近い未来を表す」という用法をいちいち覚えなければならなくなります。

　面倒なルートを通らないために、新しいスタート地点を知っておきましょう。といっても、今までのスタート地点をほんの少し修正するだけです。

　進行形の核心は「〜している途中」です。「途中」という言葉が入っただけですが、この少しの違いがすごく重要です。

> **point!**　進行形の核心は「〜している途中」

この途中というイメージを知ると、進行形が何を含意しているのかがクリアになります。

　たとえば、I'm reading your blog.（今、君のブログを読んでいます）という文、これは単にブログを読んでいることを伝えるだけではなく、途中、つまりまだ読み切っていないというメッセージも含まれます。

　正直、このくらい単純な英文だと「わざわざそこまで考える必要があるの?」と思われてしまうかもしれません。でも、これが後にジワリと効いてくるんです。

中断・再開できる?

　39〜40ページの表の通り、動詞は動作動詞（進行形にできる動詞）と状態動詞（進行形にできない動詞）に分けられます。さらには「状態動詞だけど、例外的に進行形にすることもある動詞」というものもあります。

　ここではこのへんの文法用語は使わず、「〜している途中」から考えていきましょう。

　繰り返しますが、「動詞を進行形にする」とは、その動詞に「途中」という意味を加えるということです。裏を返せば、動詞が途中という状況になじまなければ進行形にできないということです。be watching TVは「テレビを見ている途中」、be eatingは「食事の途中」、今の皆さんはYou are studying English. で「英語を勉強している途中」と、これらの動詞は途中という状況になじ

みます。ところが、knowを「知っている途中」、haveを「持っている途中」と考えるのは無理がありますね。

これをわかりやすく言い換えてみると、ずばり「5秒ごとに中断・再開できない動詞は、進行形にはできない」となります（10秒でも1分でもいいのですが、ゴロが良いので5秒にしています）。

> **point!** 5秒ごとに中断・再開できない動詞は進行形にできない

これを頭に入れて、39ページの状態動詞を眺めてみてください。「進行形にできる動詞」として覚えずとも、すべてその場で考えて判別できます。

状態動詞だけど例外的に進行形にすることもある動詞という例外も、このルールで腑に落ちるでしょう。

haveという動詞で考えてみます。haveは「所有」の意味では、I have four brothers.（兄弟が4人います）といったように使います。兄弟がいることは中断・再開できないため、進行形にはできません。しかし、「食べる・飲む」という意味なら中断・再開できますね。だから進行形にできます。She is having a hamburger.（彼女は今ハンバーガーを食べている）といったように使います。

こういう、意味によって進行形にできたりできなかったりする動詞は、中学英語ではhaveしか出てきません

が、それ以上のレベルになるとたくさん出てきます。たとえば、smell という動詞がその代表で、「（〜の）匂いがする」と「匂いを嗅ぐ」いう意味があります。次の文、それぞれどちらが正しいか、ちょっと考えてみてください。

（a）「そのスープは良い匂いがしている」
　①The soup smells good.
　②The soup is smelling good.

（b）「彼女はバラの香りを嗅いでいる」
　①She smells the roses.
　②She is smelling the roses.

「匂いがしている」という意味では自分の意思で中断・再開できませんから、進行形にできません。よって（a）の正解は①です。一方、「（匂いを）嗅ぐ」という意味では中断・再開できるので、進行形にできます。（b）は②She is smelling the roses. が正解です。smell はよく「進行形にできない動詞」のほうに分けられていますが、このルールを使えばいつでも判別可能です。

live は進行形にできないはずなのに…

基本はここまでで、ここから発展事項です。「〜して

いる途中」というポイントは同じです。

ここまでの解説を踏まえると、liveという動詞は進行形にできるでしょうか。5秒ごとに居住地を変えるのは不可能ですから、できませんね。

I live in Saitama.
「私は埼玉に住んでいます」

ところが、このliveをあえてbe livingとすることもあります。

I <u>am living</u> in Osaka.
「大阪に住んでいる途中です」
→「(一時的に) 大阪住まいです」

こうすると、「(本当は埼玉に住んでいるけど、今だけ、たとえば単身赴任などで) 大阪住まいなんだ」という意味になります。大阪住まいが途中であるということは、これが近いうちに中断されることを含意できるということです。

この「一時的」という発想はbe動詞でも同じです。beはもちろん普段は進行形にできません。でもたとえば、

You are very kind.
「君はすごく優しいね」

という文のbe動詞をあえて進行形にしてみると、以下のようになります。

You <u>are being</u> very kind.

こうすると、「普段は優しくないけど、今だけ優しい」という意味になります。ちょっと嫌味な言い方ですが、「何？　いきなり優しいこと言って。なんかウラでもあるの？」みたいな感じで、冗談っぽく言うようなシチュエーションであればバッチリと合う文ですね。

今まさに、グイグイ変化の途中

　途中というイメージから、変化の過程を強調するニュアンスも生まれます。言い換えれば、変化の過程にあることを強調したいときに進行形にするということです。
　たとえばresemble（似ている）という、普段は進行形にしない動詞をあえて進行形にしてみると、こんな感じです。

He is resembling his father more and more every day.
「あの子ったら、日に日にますますお父さんに似てきたわね」

中学生くらいの息子を見て、どんどん父親に似てきている、その変化の途上にあるイメージです。He resembles his father. ならば、もうすっかり「父親に似ている」という意味ですが、進行形にすることで少しずつ He resembles his father. の状態に近づいていっている感じを出せるのです。

進行形はこう覚える！

1 中断・再開できる → 進行形にできる

2 中断・再開できない → 進行形にできない

※ただし、普段進行形にできない動詞（liveなど）がbe＋-ingになっているのを見かけたら、

(a) **一時的状態を強調**（今だけは〜している）

(b) **変化の過程を強調**（今まさにグイグイ〜している）

と考えればOK。

進行形が「近い未来」を表すって？

「進行形が近い未来のことを表す」という用法にも触れておきます。近い未来とは、どれくらい近いのでしょうか。

これも途中というイメージから考えます。何かしている途中とは、すでに何か手をつけている状態ということです。つまり、**今していることがそのまま未来の予定につながるときに進行形が使われます**。

He is leaving for Sydney tomorrow.
「彼は明日、シドニーに発(た)つ予定です」

この is leaving は文の最後に tomorrow があるので、今この瞬間のことを述べる普通の進行形ではありません。

シドニーに発つのは「近い未来の予定」ですが、ポイントは「今、シドニーに向かう途中」ということです。たとえば飛行機などの手配でしょう。物理的にはまだ一歩もシドニーに近づいてはいませんが、チケットを手配した時点でシドニーへ発つ途中だと考えるのが、英語の発想なんです。

逆に直近の未来でも、どんなに強い思いがあっても、何も手をつけていなければ途中とは言えないので、進行形は使えません。

実はこれ、身近なところで使われています。

第1講　直感的に意味がわかる

Coming soon!
「近日公開」

　一種の決まり文句なので主語とbe動詞が省略されていますが、このbe comingも当然、「撮影・制作がすでに始まって、今は途中、近いうちに皆さんのもとへとやってくる」という意味です。

> **いろいろな予定に使える**

　この用法は学習参考書にはよく「往来・発着の動詞（come ／ go ／ leave ／ arriveなど）で使われる」と書いてあります。確かに普段目にする英文では往来・発着の動詞が多く、先ほどの例文もleaveとcomeを使ったものでしたが、それ以外の動詞も使われます。
　たとえばこんな感じです。

They are getting married next week.
「あの2人は来週結婚する予定です」

　この場合も、結婚式自体は来週ですが、2人はすでに式場やドレスを決め、式の参列者に招待状を送っているでしょうから、結婚式という大きなイベントの途中なのです。

このように、進行形を予定に使えるのは、何かしら着手しているときであり、言ってみれば「手帳に予定として書き込む」ようなときです。

「現在形」にも予定を表す用法があったけれど

　最後に補足です。もしかすると現在形のところで見た「現在形は確定した未来を表す」という用法が頭をよぎった方がいるかもしれません。「確定した未来」という言葉で覚えると、予定だって確定しているのではと思うのも無理はないでしょう。

　でも、それはあくまでも文法書の言い回しです。現在形は「現在・過去・未来形」で、昨日も今日も明日も繰り返されることに使うんでしたね。

The train arrives at eight.
「その電車は8時に着きます」

　こういう文に現在形はピッタリです。現在形で表現される、日々繰り返されるようなことは公共交通機関などの公的なスケジュールに多く、一方の進行形は1回きりの私的なスケジュールに使われることが多いと言えます。

完了形（現在完了形・過去完了形・未来完了形）
1つのイメージで 9用法が氷解

　現在形、進行形ときて、次は完了形です。

　完了形には現在完了形、過去完了形、未来完了形という3つがありますが、まずは中学英語で登場する現在完了形を説明します。これがわかれば、続く2つはあっさりマスターできるからです。

　冠詞のthe同様、僕は学校で完了形を初めて習ったときのことをはっきり覚えています。先生は「現在完了形というのは日本語にない時制です」と切り出し、その後は「have + p.p.（過去分詞）の形は3つの用法（継続・完了・経験）があり、それぞれの訳し方は…」という説明でした。

　日本語にない時制なのに、日本語訳のみを説明するのは矛盾しているように思いましたが、その和訳を当てはめればとりあえずテストで点が取れてしまうので、わかったつもりでやり過ごしてしまいました。皆さんも多かれ少なかれ似たような説明を受けたと思いますので、まずはそれを確認しておきます。

> 📖 教科書的な説明
>
> ## 現在完了形(have＋p.p.)の3用法
>
> ❶ 継続「ずっと〜している」
> I have lived in Kyoto since I was a child.
> 「子供のころからずっと京都に住んでいます」
>
> ❷ 完了・結果「ちょうど今〜したところだ(その結果…だ)」
> I have just finished lunch.
> 「ちょうどランチを終えたところです」
>
> ❸ 経験「〜した経験がある」
> I have visited Paris twice.
> 「二度パリを訪れたことがあります」

完了形を突破する最強の近道

このように現在完了形は「継続、完了・結果、あるいは経験の用法」かを考えるよう促されます。そう言われたら、現在完了形は必ず3つの用法のうちのどれかに分類できるものだと思って当然でしょう。

しかし、前述の先生の言葉の通り、現在完了形とは日本語にはない時制ですので、3用法とその和訳だけできっぱりと理解できるものではありません。

というわけで、3つの用法を貫く共通のイメージを先につかみましょう。次ページの図、これが現在完了形の3用法に共通するイメージです。

第1講　直感的に意味がわかる

現在完了形に共通するイメージ

```
過去 ————————▶ 現在      未来
```

　現在完了形の形（have + p.p.）を分解すると、「過去のこと（p.p.）を、現在所有（have）している」となります。つまり**現在完了形とは、「過去＋現在形」**なのです。過去から現在をつないだ「線的」な時制とも言い換えられるでしょう。この線を図では矢印で表しました。

　このとき大事なのは、**重点は現在にある**ということです。図で、過去の部分（矢印のおしりの部分）を薄く、現在の部分（矢印の先頭）を濃く表現したのはそうしたニュアンスを含ませています。

　このイメージと今まで習ってきた3つの用法がどうつながるのか、1つずつ確認してみましょう。

① 継続「ずっと〜している」

I have lived in Kyoto since I was a child.

```
子供のころ ————————▶ 現在
```

「過去＋現在」そのままですね。子供のころをスター

ト地点として、今も京都に住んでいるということです。

次に②「完了・結果」です。

② 完了・結果「ちょうど今〜したところだ（その結果…だ）」

I have just finished lunch.

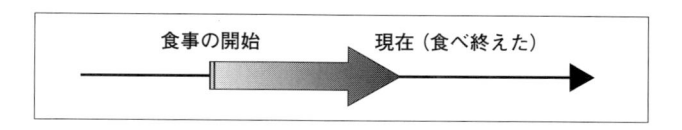

```
食事の開始 ———▶ 現在（食べ終えた）
```

少し前に食事を始めて、ちょうど今食べ終えた、ということです。現在に重点があるので、たとえば「（だから）今はもうおなかいっぱい」といった現在へのつながりを何かしら暗示することができます。

最後に③「経験」の用法です。

③ 経験「〜した経験がある」

I have visited Paris twice.

```
パリへの訪問 ———▶ 現在
```

この用法は日本人の考え方とかなり異なります。我々

日本人は、経験は過去のものという意識が強いのですが、英語の世界では過去の経験をずっと持ち続け、その経験を持って今にいたると考えます。「確かにパリに行ったのは2回とも過去のことだけど、その経験をもって今の俺があるんだぜ」という感じです。

というわけで、これからは現在完了形を見たら、まずは「過去＋現在」を表す矢印をイメージしてください。それで文の意味がわかれば十分です。細かく訳す必要があるときだけ3用法の意味を参照すれば、言わんとすることはよりはっきりします。

yesterdayが現在完了形と一緒に使えないワケ

1点補足です。現在完了形には「過去の1点を示す語句とは一緒に使えない」というルールがあります。よく参考書に載っている代表的な語句は、次の通りです。

> 📖 **教科書的な説明**
> **現在完了形と併用できない「過去の1点を示す語句」**
>
> yesterday 昨日 / last night 昨夜 / 〜 ago 〜前
> then そのとき / just now ついさっき
> when I was a child 私が子供だったとき　など

これらは暗記するまでもなく、現在完了形の「線的なイメージ」が頭に浮かんでいれば、過去の1点を表す語句と相容れないのは自然にわかります。yesterdayなら、

昨日のことしか表さないので現在完了形と併用できません。これがsince yesterday（昨日からずっと）ならば、現在完了形とぴったり合います。

　過去形との違いにも触れておきましょう。過去形を「〜した」、現在完了形を「〜してしまった」と覚えている人はけっこう多いのですが、これは単に言い回しの問題なので、訳だけで両者を区別することはできません。現在完了形は「過去＋現在形」ですが、過去形は「過去」のみです。

　このことは当たり前に思えるかもしれませんが、過去のこと「のみ」というところがポイントで、現在のことはわからないのです。I lived in Kyoto. だと、過去に京都に住んでいたことのみを示します。人によっては「今は京都に住んでいないんだな」と思うようです。それだけ、過去形と現在完了形の区別は大事なのです。

過去完了形はコピペで攻略

　過去完了形、未来完了形についても見ていきましょう。こちらは一瞬です。

　過去完了形（had + p.p.）にも、現在完了形と同じく「継続」「完了・結果」「経験」という3用法があります。それはまず無視して、現在完了形で見た**「過去のある地点から現在までに向かう矢印」**を、そのまま後ろに"コピペ"しましょう。これだけで過去完了形のイメージの完

成です。

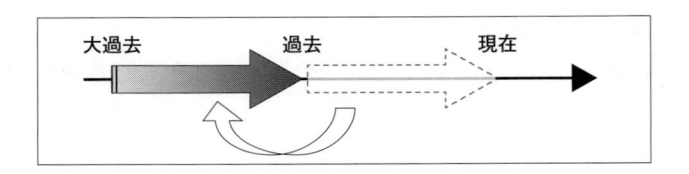

```
大過去           過去              現在
```

　図で注意したいのは、矢印の先端を過去の1点に合わせていることです。現在完了形は現在に合わせましたが、過去完了形は過去のある1点に合わせます。

　文と照らし合わせてみましょう。

I <u>had lived</u> in Kyoto <u>for three years</u> when I <u>moved</u> to
　①＋②　　　　　　　　　　　　　　　　　　　　　②

Fukuoka.
「福岡に引っ越した時点で、3年間京都に住んでいた」

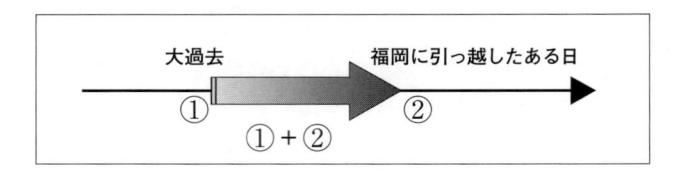

```
        大過去        福岡に引っ越したある日
         ①                    ②
              ①＋②
```

　これは①＋②のゾーンのことで、「福岡へ引っ越したある日まで、京都に3年間住んでいた」ということです。過去の1点までの継続を表します。

ちなみに①の地点のことを、文法用語では大過去と呼びます。大過去とは決してすごく昔のことではありません。単に「過去の過去」のことです。5分前を基準にすれば、その時点からさらに10分前の時点（今からたったの15分前）にも大過去が使われます。

イメージを固めるために、過去完了形がほんのちょっと前のことに使われるケースを挙げてみます。

I <u>had been</u> in bed for <u>10 minutes</u> when the telephone <u>rang</u>.
「電話が鳴ったとき、10分寝ていた（10分寝たら電話が鳴った）」

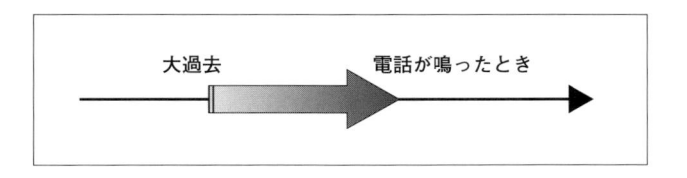

```
   大過去          電話が鳴ったとき
───────▶───────────────────▶
```

現時刻を23:05としましょう。電話が鳴ったのは23:00ジャストです。では、この人が寝たのは何時何分でしょうか。

23:00の10分前、22:50ですね。このように、時間の長さは関係ありません。

先ほども言ったように過去完了形にも3用法がありますが、このイメージさえつかめれば困ることはないので

割愛します。

　ちなみに、過去完了形はあまり重要な文法ではないと思われがちですが、ここまで出てきた文に特別な表現がないように、重要でないなんてことはありません。

　また、過去完了形は小説などの物語の中でよく出てきます。物語が過去のエピソード中心になると話の基準が過去形で語られるため、その基準より前のこと、つまりその話の中では過去のことには過去完了形が使われるのです。

未来完了形もコピペで攻略

　最後に未来完了形（will have + p.p.）です。

　未来完了形を使うケースはさほど多くありません。とりあえずは無視してかまわないのですが、過去完了形と同様に現在完了形のイメージのコピペで理解できるので、この勢いを利用してマスターしてしまいましょう。

　考え方は簡単です。**現在完了形の「過去から現在までの矢印」を、未来の方向へ向けて"コピペ"すれば未来完了形のできあがりです。**

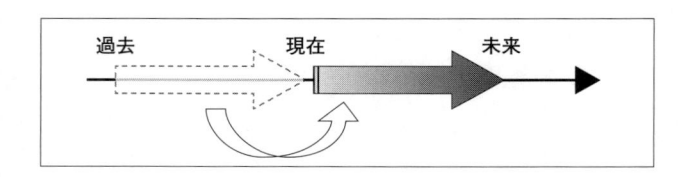

```
  過去        現在          未来
├─────────┼────────────▶
```

現在完了形は現在が基準（現在までの矢印）、過去完了形は過去のある1点が基準（過去までの矢印）でしたが、未来完了形は「未来のある1点が基準（未来までの矢印）」です。例文をチェックしながら、その感覚を頭に染み込ませていきましょう。

I will have lived in Hokkaido for three years next month.
「来月で3年間北海道に住んでいることになる」

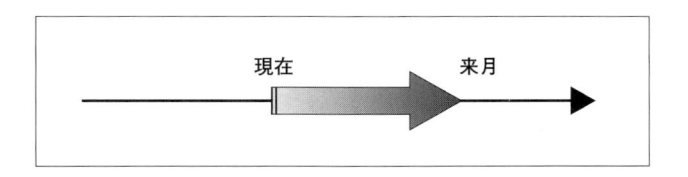

来月という未来のある1点までの「継続」を表します。もう1つだけ見ておきましょう。

If I see the movie once more, I will have seen it five times.
「もう1回その映画を見れば、5回見たことになる」

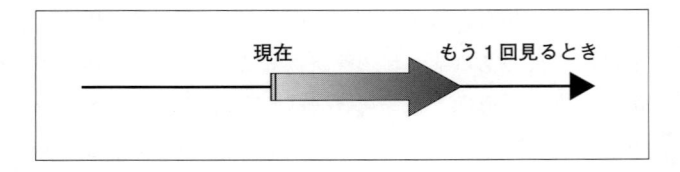

```
現在        もう1回見るとき
─────────▶═════════▶
```

　「もう1回その映画を見るとき」という未来の1点までの経験を示すわけです。

　日本語にはない時制なので、とかく学習者を苦しませる完了形ですが、このように1つのイメージで捉えるだけで、覚えることは激減し、直感的にわかるようになります。過去完了形も未来完了形も正確に訳したいときにだけ3用法を参照すれば十分で、とにもかくにもイメージが大事なのです。

第1講のまとめ

冠詞theとa・an ▶ theは「特定できる」もの。a(an)は「たくさんある中のひとつ」。

> **Point!**
> 「せーの!」で一斉に指をさせるもの、共通認識できるものにtheを使う。それに合わない場合にはa (an) を使うのでは、と考える。

名詞の可算・不可算 ▶ ほとんどの名詞には可算・不可算の両方の使い方がある。

> **Point!**
> ・はっきりした形があるものは「数える」。
> ・はっきりした形がないものは「数えない」。

現在形 ▶ 現在形は、昨日も今日も明日も繰り返し行われることに使われる。

> **Point!**
> 現在形とは「過去・現在・未来形」。

進行形 ▶ 進行形の核心は「〜している途中」。進行形にすると、動詞に「途中」という意味が加わる

> **Point!**
> 5秒ごとに中断・再開できない動詞は進行形にできない。稀にではあるが、「途中」というイメージから、普段は進行形にできない動詞が、その行為を近いうちに中断することを含意したいときや、変化の過程にあることを強調したいときには進行形になる。

完了形 ▶ 現在完了形とは「過去+現在形」で、線的なイメージ。視点は現在にある。

> **Point!**
> 完了形は3用法ではなく「イメージ」でつかむ。過去完了形・未来完了形は、現在完了形の矢印を過去(未来)に"コピペ"するだけ。

第 2 講

知らない単語の意味がわかる

Q 次の英文はどういう意味でしょうか。

My illness compelled me to stay indoors.

英文のパターンを分類する5文型、そして語法。その解説は文法用語がたくさん出てくるため抽象的で、何の役に立つのかさっぱりわからないという人も多いでしょう。本講ではそんな5文型や語法を、「知らない単語に出会ったときに、その意味を推測するためのツール」として、実践的にアップデートしていきます。

文型
文型から
動詞の意味がわかる!①

　高校英語の参考書や分厚い文法書を開くと、たいてい最初に出てくるのが文型です。文型の授業は「これがS、これはV……、この文は第1文型です」という程度で終わりがちなので、正直文型の知識が何の役に立つのかわからなかった、という人が多いのではないでしょうか。英文をパターン化することに抵抗があるのか、はたまた補語や目的語といった用語が出てくるからか、社会人向けの参考書では完全に無視されることもあるくらい、地味で日の目を見ません。

　では、文型を学ぶメリットはないのか。

　文型とは「英文がとる型」のことです。**皆さんがこれまで目にしてきた英文、これから目にする英文は、実はすべて5つのパターンに分けられるのです。**

　すべての文章がたった5パターンに集約できてしまうというのは、とてつもなく便利な考え方だと思いませんか。無数にある文が「あ、これはあのパターンだな」と見抜ければ、英文の処理が圧倒的に早く、確実なものになります。

　しかも、文型を学ぶことにはもう1つ大きなメリット

（メリットというよりも必殺技に近いのですが）があります。それは「**文型がわかれば、知らない動詞の意味を推測できる**」ということです。こう書くと眉唾なテクニックのように思われるかもしれませんので、順を追って説明していきます。

同じ動詞も、文型で意味がまったく変わる

まずは5つの文型とその例文を概観してみましょう。

英語は主語（以下S）と動詞（以下V）で始めるのが決まりです。5つの型はすべてSVで始まり、SVの後のパターンが変わります。

注目すべきなのがVです。次の5つの例文では、動詞はgetで統一しました。文型ごとのgetの意味に注意して眺めてみてください。

📖 5文型の基本

1 第1文型　SV

You'll get to the airport by three o'clock.
「3時までには空港に着くでしょう」
※SVだけで文が終わることはほとんどなく、修飾語（M）がつくのが普通です。Mとはmodifierのことで、副詞や前置詞のカタマリがMになります。

2 第2文型　SVC

He got angry.「彼は怒った」
※Cとはcomplement（補語）で、主語の内容を補う語のことです。

第2講　知らない単語の意味がわかる

> **3 第3文型 SVO**
>
> I got a letter from my mother in Hakata.
> 「博多にいる母から手紙をもらった」
> ※Oとはobject(目的語)で、動作の対象・目的物を表す語です。「〜を」や「〜に」にあたります。
>
> **4 第4文型 SVOO**
>
> My father got me a digital camera.
> 「父は私にデジカメを買ってくれた」
>
> **5 第5文型 SVOC**
>
> He got the door to shut properly.
> 「彼はドアをきちんと閉めた」

いかがでしょうか。

getという動詞は「得る」という意味で覚えがちですが、こんなふうに文型によってさまざまな顔を持っているんです。getだけでなく、1語にさまざまな意味がある動詞は数多くありますが、それを片っ端から覚えていくというのはさすがに無理があります。そんなときに、威力を発揮するのが文型の考え方なんです。

第1文型（SV）のしくみ

では、第1文型から説明していきましょう。

SとVだけで成り立つ文が第1文型です。ただし、実際にはSVだけで終わる文はほぼありません。たいていの文には修飾語（以下M）がつきます。Mは「文章を文章として成り立たせる」という意味では必要のない要

素なので、文型の判断では除外して考えるようになっています。

<u>My daughter</u> <u>runs</u> <u>fast</u>.
　　S　　　　　V　　 M
「うちの娘は走るのが速い」

　fastは副詞で、動詞のrunsを修飾しているので、この英文はSVの第1文型です。
　また、「前置詞＋名詞」というカタマリもMの働きをします（正確に言うと「（前置詞のカタマリが作る）副詞句」と言われますが、気にしなくて大丈夫です）。この前置詞のカタマリを伴ったのが先ほどの例文です。

<u>You'll</u> <u>get</u> <u>to the airport</u> <u>by three o'clock</u>.
　S　　 V　　　M　　　　　　 M
「3時までには空港に着くでしょう」

　getがVで、to the airportはMです。品詞分解するとgetとtoは分断されていますが、解釈するときにはget toをセットで考えるのが一般的です。get to 〜 で「〜に到着する」という熟語だからです。
　こういう説明の仕方は教師にとってはすごくラクです（get toという表現を覚えましょう、という一言で済むからです）。まあ、get toのようによく使われる熟語な

ら覚えても損はありませんが、本書では「熟語を暗記する」という作業からは距離をとって説明します。

第1文型は「いる（ある）」か「動く」

それでは第1文型のポイントをお伝えします。

第1文型をとる動詞は、原則「存在」か「移動」の意味になります。つまり、動詞の意味がわからなかったら、「**いる（ある）**」か「**動く**」と考えればほぼ文意がとれます。

第1文型のポイント

第1文型のとき、動詞は「いる（ある）」か「動く」の意味

先ほどの2つの例文を見てみましょう。

My daughter runs fast.

runの「走る」という意味を知らない人はいないでしょうが、仮に知らなくても「あ、第1文型だな」と判断することで、「移動する」という大元の意味がわかります。

もしこのrunが、次のように使われていたらどうでしょうか。

My daughter runs a restaurant.
「うちの娘はレストランを経営しています」

これは（ちょっと先取りしますが）第3文型です。この場合は、a restaurantという名詞がrunsの目的語になっています。目的語を伴えば、runは「走る」ではなく「a restaurantを走らせる」、つまり「経営する」という意味になります。このように、動詞の意味は文型によって大きく変わるのです。
では次の文です。

You'll get to the airport by three o'clock.

第1文型ですから、get toの意味を知らなくとも「3時までに空港に移動するでしょう」と大意がつかめます。動詞getは、第1文型では「存在・移動」の意味に限定できる、ということですね。
もう1つだけ例文を見てみましょう。

<u>Many people</u> <u>settled</u> in Brazil <u>at that time</u>.
     S   V   M   M
「多くの人が当時、ブラジルに定住していた」

動詞の後に続く in Brazil も at that time も、文を成立させるうえでは必要ないので修飾語です。ということは第1文型ですね。つまりここでは「多くの人が当時、ブラジルにいた」と考えればいいわけです。settle（移住する・定住する）の意味を知らなくても大丈夫です。

　この「存在・移動」には、例外となる動詞がいくつかあります。ただし、smileなどのかなり初歩の、小学生でも知っているような単語ばかりですのでご安心ください。知らない単語が出てきたときに第1文型であれば、まず「存在・移動」の意味から考えてみてください。

第2文型（SVC）は「イコール」

　次に第2文型です。こちらは動詞の後ろに補語（以下C）がきます。ポイントは第1文型よりもさらにシンプルです。「SイコールC（SはCだ）」、これだけです。

第2文型のポイント

第2文型のとき、動詞は「イコール」の意味、つまり「SはCだ」となる

先に挙げた例文、

He got angry.

これは動詞getを主語Heと補語angryを結ぶイコールの意味として見て、He = angry、「彼は怒った」と考えます。

　この第2文型の特徴を使いこなすには、第2文型であることを見抜けなければなりません。では、どうやって判別すればいいのか。

　まず、動詞の後ろに形容詞のみがきていたら第2文型だと即断できます（He got angry. の文がそうですね）。また、動詞の後ろに名詞がきていて、S＝Cが成り立てば第2文型です。もし成り立たなければ第3文型（SVO）です。

SVCの判別

1 SV＋形容詞→"SVC"

　　　He looks happy.
　　　※happyは形容詞 / He＝happyが成立

2 SV＋名詞→"S＝名詞"が成り立てば"SVC"

　　　She became a teacher.
　　　※She＝a teacher

　　→"S≠名詞"なら"SVC"ではなく"SVO"
　　　She broke the dish.
　　　※She≠the dish

　たとえばShe went to the airport. は第1文型ですから、このgoは「存在・移動」の意味で、言うまでもなく「移

第2講　知らない単語の意味がわかる

動する」という意味になります。

ところが、次の文はどうでしょうか。

The fish went bad.

wentの後ろにはbadという形容詞がきているので、第2文型だとわかります。ということは、このgoは「行く（移動する）」ではなく、the fishとbadをつなぐイコールだと考えられます。The fish = bad、動詞が過去形ですから「その魚は悪くなった（腐った）」という意味です。

細かいニュアンスを知りたい場合は、それぞれの単語の意味を覚えておく必要があります。しかし、単語を知らない場合は、文型の知識を使うことで大意を把握でき、英文をスムーズに読み進めることができる場面が何度も出てくるはずです。これこそが、この本でお伝えしたい文型の真骨頂です。

しかし…悲しいことに、第3文型だけは、形から動詞の意味を推測できません。

第3文型だけは単語力

動詞の直後に目的語がくるのが第3文型です。目的語とは「〜を」「〜に」にあたる言葉で、名詞がきます。

残念ながら、この第3文型だけは単語力勝負です。

getの「得る」という意味や、makeの「作る」という意味などは、第3文型のときに使われます。

　ただし何も特徴がないかというと、そんなこともありません。実はいくつかのグルーピングが可能で、それを知っておくことは英語を学ぶうえで、非常に大きなアドバンテージになります。これは後ほど本章の「語法」というくくりで解説しますので、まずは文型の知識を整理するため、次のページから第4文型と第5文型を見ていきましょう。

文型
文型から
動詞の意味がわかる！②

　第1文型は動詞の後ろに文を成立させる要素が1つもこない形、第2文型と第3文型は、その直後に要素が1つだけくる形でした。一方、ここから解説していく第4文型と第5文型は、動詞の後ろに文の要素となるものが2つ続く形で、少し文が長くなります。

第4文型をとる動詞は「与える」

　第4文型は、動詞の後に名詞が2つ続き、"V 人 物"という形をとります。中学英語で、give 人 物、show 人 物、teach 人 物などのパターンで出てくるので、なじみがある人も多いでしょう。

　しかし、giveやshow、teachといった動詞の意味は、中学生のとき、バラバラに覚えませんでしたか。giveは「与える」、showは「見せる」、teachは「教える」と。

　もちろん覚えるにこしたことはありません。が、文型ごとに動詞には共通の意味の土台があるんでしたね。では、第4文型の動詞の意味の土台は何かというと、「**与える**」です。"V 人 物"の形をとる動詞の基本は"give"

だと思ってください。そのgiveに何かしらの色がついて他の動詞になっている。そんなイメージです。

> 第4文型のポイント
>
> **第4文型のとき、動詞の土台には「与える」という意味がある。すなわち、第4文型は「人に物を与える」となる!**

getが「得る」とは逆の意味に

たとえばteach 人 物、これは「人に（知識を）与える」から「教える」となります。show 人 物 は「人に（視覚情報を）与える」から「見せる」というわけです。

他にも、「貸す」という意味なのか「借りる」という意味なのか迷う人の多いlendという動詞も、第4文型をとります（lend 人 物）。これもためらいなく「貸す」だとわかりますね。「（一時的に）与える」ということです。

そしてこの第4文型の真骨頂が、getを使った文です。以下の文を見てください。

My father got me a digital camera.

第2講　知らない単語の意味がわかる　　75

ここで「getは『得る』」という呪縛から抜け出すことが、皆さんの英語力に新たな光を灯すはずです。このget 人 物 という第4文型を「(人に物を)与える」から考えると、このgetは「与える(手に入れてあげる)」という意味になるわけです。

　getに「得る」とは逆の「与える」という意味があるなんて…と思う方も多いでしょう。この意味を知らない人はけっこう多いのですが、文型を見抜けば暗記する必要もありません。例文は「父は私にデジカメをくれた」という意味です。

　もちろん知らない単語、知っているけれどうまく意味がとれない単語にも威力を発揮します。たとえばearnという単語は、よほどの英語上級者でも「稼ぐ」という意味しか知らないものですが、以下の例文のように使われることもあります。

Tom's success earned him respect.

　earnの後ろにhim respectがきていますから第4文型ですね。このearnを「与える」で考えてみると、「トムの成功は彼に尊敬を与えた」となります。「トムは成功して、尊敬された」ということです。earnには「稼ぐ」だけでなく「(名声などを)もたらす」という意味がありますが、第4文型のポイントを覚えていれば暗記する必要はありません。

do も第4文型をとる

　意外なところで言えば、do という動詞も第4文型をとります（do 人 物）。一見見慣れない形かもしれませんが、「人に物を与える」から考えましょう。
　do というのは、見かけは単純なのに気難しい動詞で、「物」の部分にくる名詞が限られています。good（利益）、harm・damage（害）、justice（公平さ）、a favor（親切な行為）などだけです。

Smoking does us more harm than good.
「喫煙は利益よりも害のほうを多く及ぼす」

とくに会話の中でよく使われる名詞が a favor です。次の例文を会話集で見かけたことがないでしょうか。

Would you do me a favor?
「ちょっとお願いがあるのですが」

　第4文型の視点でこの文を直訳すると「私に1つ親切な行為を与えてくれませんか」です。それが「ちょっとお願いがあるのですが」になるわけですね。
　この表現はよく使うわりに、文法を理解していないと do me の部分が意味不明で、泣く泣く丸暗記に走ることになってしまいます。皆さんは文型の考え方をフル活

用してください。

第4文型の例外

　上級者用に、第4文型の動詞の例外にも触れておきます。次の文を見てください。

It took him many years to become a doctor.

　これはhim、many yearsという2つの目的語があるので第4文型ですが、takeは「与える」という意味にはならない数少ない例外です。
　しかも実はこれ、「与える」の正反対の「奪う」という意味になるんです。以下に第4文型の例外として、「take型の動詞」としてまとめておきます。ちなみに英語のレベルが高校入試程度ならtakeしか出てきません。大学受験レベル、英検準1級・TOEIC800点くらいを目指す場合は、次の4つをチェックしておけば大丈夫です。

> **押さえるべきtake型の動詞**
> ・take 人 時間 / 人 から 時間 を奪う
> → 人 に 時間 がかかる
> ・cost 人 お金・命 / 人 から お金・命 を奪う
> → 人 に お金 がかかる・人 の 命 を犠牲にする
> ・save 人 手間 / 人 から 手間 を奪う
> → 人 の 手間 が省ける
> ・owe 人 お金・行為 / 人 から お金・行為 を（一時的に）奪う
> → 人 から お金 を借りる・人 に 行為 の借りがある

　「第4文型の動詞＝与える」だけですべて突破できないもどかしさはありますが、これだけは割り切って覚えてしまえば、あとは「与える」という意味が大活躍します。

第5文型はめんどくさい？

　最後は第5文型（SVOC）です。
　第5文型は、他の4つの文型よりちょっと複雑です。そこでまずは第5文型をとる動詞の全体像を把握して、次に文型の意図と自然な訳し方を見たうえで、最後に「知らない動詞の意味がわかる」ことを突き詰めていきます。
　第5文型は2つのグループに大別できます。

> ## 第5文型の全体像
>
> ### 1 使役・知覚動詞グループ
>
> ❶ **使役動詞** make・have・let のみ
> 例：The news made me happy.
> 「その知らせを聞いて私は嬉しかった」
>
> ❷ **知覚動詞** see・hear・feel・find など
> 例：I heard my name called in the room.
> 「その部屋で私の名前が呼ばれるのが聞こえた」
>
> ❸ **放置系の動詞** keep・leave・get など
> 例：You must keep the door locked.
> 「ドアには鍵をかけっぱなしにしないといけません」
>
> ❹ **命名系の動詞** call・name など
> 例：Please call me Yoshi.
> 「私のことはヨシと呼んでください」
>
> ### 2 S V 人 to ～ の形をとる動詞グループ
> tell・ask・want・allow・enable・cause など多数
> 例：He told me to finish the work.
> 「彼は私にその仕事を終えるように言った」

　第5文型で必ずクローズアップされるのが、1の❶使役動詞と❷知覚動詞です。使役動詞とは「OにCさせる」という意味の動詞のことで、知覚動詞とはsee OCなら「OがCするのを見る」、hear OCなら「OがCするのを聞く」などの、知覚に関する動詞のことです。

　一方、2のS V 人 to ～ という形は、なぜか文型の枠で説明されることがありません。この形も第5文型なのです。

```
S V 人 to 〜
S V O  C
```

これがどう役に立つかは後述します。まずはここまでを、第5文型を作る動詞の全体像として押さえてください。

第5文型をイキイキと訳す

次に第5文型の自然な訳し方を見ていきます。

The news made me happy.

この文、「そのニュースは私を幸せにした」なんてガチガチの訳を一旦作ってから、「えっと、意訳は…」なんて考えてしまいがちですが、よくありません。直訳している時間がムダだからです。

ではどうするか。まず大事なのは、第5文型を使うときに、話し手が重点を置くのはOCの部分だ、ということです。OCの部分を強調したいときに第5文型を使うわけです。

次に、Sはその大事なOCの内容を引き起こす「理由」を指すので、「Sによって」と訳します（プラスの文脈では「Sのおかげで」、マイナスの文脈なら「Sのせいで」とするとより自然です）。続くVの部分は「Sによって

OがCするという状況が生じる」という形を作り出すための「引き金」の役割をするため、とくに訳さなくてOKです。というより、訳さないほうが自然です。

そして気になるOとCは、OC = S'V'という関係になります。Oが「主語っぽく」という意味でS'、Cが「動詞っぽく」という意味でV'と示しました。意味は「OがCする」となります。

まとめると、「SによってOがCする」と訳せばいい、ということです。

SVOCの自然な訳し方

	S	V	O	C
構文	S	V	O	C
実際	M'	×	S'	V'
概念	因果(理由)	×	主語	動詞
訳	「Sによって」	(訳さない)	「Oが」	「Cする」

こう解説されると、「かえって面倒くさいな……」と感じる方もいるかもしれませんが、この方法を使うことで文の意味が圧倒的にイキイキとしてきます。先ほどの文で確認してみましょう。

The news made me happy.
　S　　 V　　O 　C
　M'　 ×　　S'　V'

この場合はThe newsによってmeはhappyだ、と考えるわけです。「そのニュースで私は嬉しくなった」という感じです。このほうが前から意味が一気にとれて直感的に理解できますし、「私は嬉しい」という、書き手が強調したい部分がより鮮明に頭に入ってきます。

第5文型の動詞も予測できる

自然な訳し方がわかったところで、いよいよ文型の真骨頂、知らない動詞の意味がわかるということを突き詰めていきます。

ここまでの解説を踏まえると、重要なことが見えてきます。それは、**SV人to ～の形は第5文型になるので、動詞の意味がわからなくても大丈夫**、ということです。

SV人to ～の形をとる動詞は、中学英語の範囲ではtell・ask・wantの3つしか出てきません。しかし、高校英語でその数は爆発的に増えます。有名どころではallow・enable・causeですが、他にも膨大にあり、英語に触れている限り、知らない動詞は必ず出てきます。このルールを知っておくと便利です。

> SV 人 to ~ のしくみ
> →SV 人 to ~(SVOC) も「SによってOがCする」という意味になる
>
> ```
> S      V      人     to ~
> ↓      ↓      ↓      ↓
> S      V      O      C
> M'     ×      S'     V'
> 「Sによって」  「Oが」 「Cする」
> ```

これが第5文型（SV 人 to ~）の考え方です。

> 第5文型SV 人 to ~
>
> **SV 人 to ~ は「SによってOがCする」という意味になる**
> （その結果、動詞の意味がわからなくても意味が取れる）

たとえば、

Her help enabled me to do the job.
 S   V   O   C
 M'   ×   S'   V'

といった文、仮にenableを知らなくとも、Her help によってmeがto do the jobだ、つまり「彼女が手伝っ

84

てくれたので、私はその仕事をした」と、大づかみで意味がわかります。もちろんenableの意味を知っていれば、細かいニュアンスまでわかります。

「<u>彼女が手伝ってくれたので</u>、<u>私は</u> <u>その仕事をすることができた</u>」
　　　　　　　　M'　　　　　　　S'　　　　　　V'

こう考えれば、いちいち「彼女の助けは私にその仕事をすることを可能にした」なんて不自然な訳を作って、そこからまた考え直すという手間が一気に省けます。
　最後に難しい動詞が使われているケースも確認してみましょう。第2講の冒頭に掲げたクイズです。

My illness compelled me to stay indoors.

compelはかなり難しい単語です。でも、知らなくても「私の病気により、私は室内にいた」という大意は十分に把握できますね。これが文型の力です。
　もしcompelの「強制する」という意味を知っている場合は、そのニュアンスを付け足して「私は病気のために家に閉じこもっていなければならなかった」と解釈すればいいわけです。

第2講　知らない単語の意味がわかる　　85

語法 その1

一網打尽!
tell型18パターン

　ここまで、「文型から動詞の意味を推測する」という側面から5文型のポイントを解説してきましたが、第3文型だけにはそれが通用しませんでした。星の数ほどの動詞が第3文型に使われています。

　さらに、その第3文型の中でもいろいろな使い方があり（この動詞の使い方のことを語法と言います）、語法の解説と言えば、残念ながら分析結果が羅列されるだけです。たとえばremindという動詞だと、次のような説明がなされるのが普通です。

> 📖 教科書的な説明
> **remindの語法は3つある。以下の形に注意しよう。**
> ❶ remind 人 of 物
> ❷ remind 人 that SV
> ❸ remind 人 to (動詞の) 原形

　こういったことを暗記していくのは、ただただ苦痛です。そこで、この語法の中に法則性を見いだすことで暗記量を減らしていこうというのが、本書で語法を取り上

げる目的です。ここではとくに使える語法を3つほど紹介します。

6×3＝18パターンを串刺す「tell型」

まずは先のremindを含む語法を解説します。一般的な文法書には語法についての説明はないので、用語も存在しません。そこで、ここではこの語法を「tell型」と名づけます。

tell型には、次のような3つのパターンがあります。

> **point**
> ① tell 人 of 物
> ② tell 人 that SV
> ③ tell 人 to（動詞の）原形

これを基本形として頭に入れてください。

このtellがとる3つのパターンは、たとえば次の6つの動詞にもまったく同じように当てはまります。すると、一気にグルーピングが完成します。

tell型の動詞

1 tell　知らせる
2 remind　思い出させる

第2講　知らない単語の意味がわかる　　87

> 3 convince　納得させる
> 4 persuade　説得する
> 5 warn　警告する
> 6 notify　知らせる

　この方法で「基本形3つ×tell型6つ＝18通り」の語法が解決します。以下のように表にしてみました。表の縦軸・横軸（太字の部分）を覚えるだけでよいわけです。

tell型の動詞

動詞＼型	V 人 of 物	V 人 that SV	V 人 to 原形
tell	tell 人 of ～	tell 人 that SV	tell 人 to ～
remind	remind 人 of ～	remind 人 that SV	remind 人 to ～
convince	convince 人 of ～	convince 人 that SV	convince 人 to ～
persuade	persuade 人 of ～	persuade 人 that SV	persuade 人 to ～
warn	warn 人 of ～	warn 人 that SV	warn 人 to ～
notify	notify 人 of ～	notify 人 that SV	notify 人 to ～

　tell型の動詞は、英検2級を目指すくらいであればtell・remind・convince・persuadeの4つだけでも十分です。それ以上のレベル、準1級やTOEIC800点を目指すなら6つチェックしておきましょう。
　いずれにせよ、知識が3倍ずつ増えていく、大変おい

しい発想です。

> **語法を知ればキレイに訳せる**

この語法のメリットは、パターンを一気にまとめて覚えられるだけではありません。意味をとるときにも活躍してくれます。実は、**それぞれバラバラの意味に見えるtell型の動詞はすべて、tellと同じ意味（伝える）を土台に持っているんです。**

remindは、「思い出させる」というのが辞書の定訳です。その訳語でもいいですが、何かを思い出させるということは、すなわち伝えるということですね。convince（納得させる）も、「何かを伝えて納得させる」ということですし、persuade（説得する）も伝えるということです。warn（警告する）は注意を伝える、notify（知らせる）にいたってはそのまんまですね。

ただし、英語の語法で面倒なのは、1つの動詞がいくつかの型に属するケースがあるということです。tellには、tell 人 物 というgiveと同じ使い方もあります。giveと同じ語法は「give型」と言えますし、これはつまり、第4文型をとる動詞のことです。

ではなぜ、tell型の中にtell 人 物 という形を含めなかったのかと言えば、それを入れてしまうと、remindやconvinceなどの語法までが台無しになってしまうからです。tell型はtell型で、さらにtellという動詞は、

第2講　知らない単語の意味がわかる

give型にも属すると考えるのが一番効率的です。動詞にはこのように「複数の型にまたがる」ものもあると頭の片隅に入れておいてください。

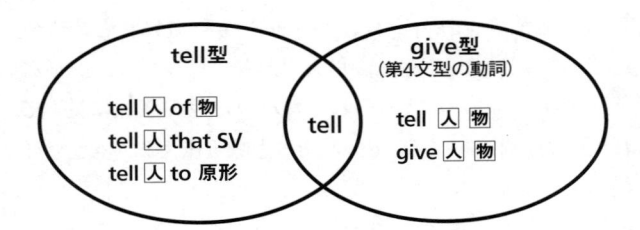

```
      tell型                    give型
                              （第4文型の動詞）
   tell 人 of 物      tell      tell 人 物
   tell 人 that SV              give 人 物
   tell 人 to 原形
```

語法 その2
超シンプル、
that節をとる動詞の語法

　tell型の語法に続いて、直後にthat節をとる動詞の語法を紹介します。これはSV that ～という形になります。

　この動詞の語法、特徴はものすごくシンプルです。SV that ～の形をとると、どの動詞も「認識・伝達」の意味を持ちます。すなわち、「思う」か「言う」という意味になる、ということです。

> **point**
> SV that ～ という形をとるとき、
> 動詞は「思う」か「言う」の意味になる！

　たとえばI ▢ that he is rich. で、空白部分に入りそうな動詞を考えてみてください。簡単な動詞でOKです。

◎ I think that he is rich.　× I eat that he is rich.
◎ I say that he is rich.　× I have that he is rich.

　このように、動詞部分に入るのは「認識・伝達」系統の動詞だけです。think・know・sayなどは後ろにthat

第2講　知らない単語の意味がわかる　91

節をとれますが、eat・run・haveなどの「認識・伝達」とは関連がない動詞はとれません。

余談ですが、我々日本人からすれば「思う」と「言う」はまったく違う種類の動詞に思えますよね。たとえば「言霊」という文化は「良い言葉を発すれば良いことが起きる（逆に不吉な言葉を発すれば悪いことが起きる）」という発想ですが、心の中で思っていることと実際に口に出すことには、大きな隔たりがあると考えられていたからこそ生まれたものだと言えるでしょう。しかし英米人は、（少なくとも言語上の話になりますが）思うと言うの区別は薄いようです。

「思う」か「言う」で捉えなおす

つまり、SV that 〜 という形だったら、知らない動詞、もしくは知っている動詞でも意味がうまくとれないときに、「思う」か「言う」で意味をとれば解決してしまう、ということです。次の文を見てください。

She declared that she was innocent.

declareを知らなくても、直後にthat節がありますから、「彼女は自分が無実だと思った・言った」と考えればいいのです。「思う・言う」の判断は、そのつど前後の文脈から考えます。

もう1つ、少し意外な例も見ておきましょう。

I experienced that women are good at lying.

experienceは「経験する」と覚える動詞です。ところがここではthat節を従えているので、「認識・伝達」と考えたほうが意味が正確にわかります。この場合、「私は、女性というものは嘘をつくのがうまいと思っていた」と考えればいいわけです。

辞書を引くと、experience that ...で「〜ということを経験により知る」と書いてあります。この場合、「経験する」はあくまで手段・経緯であって、意味の重点は「知る」のほうです。ここまで細かい意味を覚えずとも、形から考えたほうが圧倒的に効率的です。

語法 その3
suggest型の突破口

　前項ではthat節をとる動詞の語法について解説しました。それに関連して、that節をとる動詞の中のグループ「suggest型」を解説していきます。
　例文はこんな感じです。

His wife suggested that he leave now before rush hour starts.
「彼の妻は、ラッシュアワーが始まらない今のうちに彼が出発することを提案した」

　この文、じっくり眺めてみてください。「これ、合ってますか」という質問が出る箇所があるんです。
　that節の中を見てください。主語のheに対して動詞がleaveになっていますね。heやsheなどの3人称が主語の場合、動詞には3単現のsをつけて、leavesとなりそうなものですし、そうでなくとも主節のsuggestedは過去形なので、時制の一致でleftになりそうなものです。しかし、これは原形のleaveのままで正しいのです。
　なぜそうなるのか。文法書ではこう説明されています。

> 📖 **教科書的な説明**
>
> **1 基本形　S V that s (should) 動詞の原形**
> →「提案・主張・要求・命令・決定」を表す動詞がきたら、(その動詞の後の) that節の中では"should＋動詞の原形"か"(shouldが省略されて) 動詞の原形"がくる。
>
> **2 suggestの語法で主節の動詞にくる単語**
> ①提案：suggest・propose 提案する
> 　　　　recommend 勧める
> ②主張：advocate 主張する
> ③要求：insist・request・require・demand 要求する
> ④命令：order・command・urge 命じる
> ⑤決定：decide・determine 決定する

　suggest型とはつまり、例のSV that ～の形をとりつつ、Vの部分に「提案・主張・要求・命令・決定」の意味になる動詞がくるパターンのことです。

　先の例文でthat節の中の動詞が原形になっていたのはshouldが省略されていたと考えられます。この用法は大学受験などでよく問われるので、今まで何百万人もの人がこうして覚えてきました。ちなみに、文法的にはこれを仮定法現在と呼びます。

　しかし、釈然としないのは、提案・主張・要求・命令・決定の動詞という羅列が非常に面倒である点と、shouldが省略されると書かれていることです。shouldなどの助動詞の省略は英語の世界ではあり得ないことなのです。

すべての動詞は「命令」系統

そこで、この理不尽さを解消できるように考えていきましょう。まずは「提案・主張・要求・命令・決定」の動詞を考えます。

that節をとる動詞の語法では、動詞は「認識・伝達」の意味になるということでした。この5つも例に漏れず伝達、つまり「言う」という意味が底にあります。そして、1つ1つの意味合いをじっくり見てみると、すべてに共通して「命令」の意味が潜んでいることがわかります。

suggest（提案する）は、「優しい命令」ということですし、decide（決定する）は、「かなり度が過ぎた命令」です。程度の差こそあれ、基本的には同じことを言っているのです。

したがって、5つの中からどの言葉を使ってもいいのですが、ここでは「命令」という言葉で代表させたいと思います。**この5つの類型は、すべて命令の意味をベースにしています。**

次ページにそれをまとめました。

> **suggestの語法はこう考える!**
>
> **1** suggestの語法で説明される「提案・主張・要求・命令・決定」の動詞とは、すべて「命令」系統
>
> **2** 命令系統の動詞
> 程度が軽い　提案：suggest / propose / recommend
> ↕　　　　　主張：advocate
> 　　　　　　要求：insist / request / require / demand
> 　　　　　　命令：order / command / urge
> 程度が重い　決定：decide / determine

ここにある動詞群はバラバラの意味ではなく、程度が弱まったり強まったりしているだけで、基本は同じというイメージです。仮にこの表以外の動詞がきても「あ、これは『命令』系統の動詞だから」と、ネイティブと同じ感覚で対応できます。

助動詞の省略はなぜ起きるのか

さて、もう1つの「shouldが省略される」というのはどういうことか。確かにsuggestなどの命令系統の動詞がとるthat節の中には、should + 動詞の原形、もしくは動詞の原形がきます。ちなみに、should + 動詞の原形のほうはイギリス語法で、動詞の原形が使われるのはアメリカ語法です。

第2講　知らない単語の意味がわかる

イギリス語法から考えてみましょう。suggest型の動詞（命令系統）の命令内容は、動詞直後のthat節で表されます。

His wife suggested <u>that he should leave now before rush hour starts</u>.
＊下線部が命令内容

「彼の妻は、ラッシュアワーが始まらない今のうちに彼が出発することを提案した」

この文で言うと、妻の提案（優しい命令）の内容は「今出発すること」ですね。ここで大事なのは、それがまだ現実に起きてないということです。命令するからには、そのことが現実に起きているわけがありません。出発した人に向かって「今出発しなさい」と言うのは変ですよね。

このように、**命令内容とは反事実なのです**。英語の世界では、反事実の内容には仮定法を使います。そこで仮定法のshouldが登場します。こういう発想から、文法書には仮定法現在という言葉が使われているというわけです。

原形の正体は？

　日本で英語を勉強していると、アメリカ語法に出会うことのほうが多いはずです（大学入試でもTOEICテストなどの資格試験でも、この傾向は同じです）。

　アメリカ語法の発想はシンプルです。that節の中で使われるこの動詞の原形、その正体は「命令文」です。**suggest型の動詞の意味が命令系統なので、それに合わせてthat節の中も命令文同様、動詞の原形が使われるという発想なんです。**

His wife <u>suggested</u> that he <u>leave</u> now before 〜
命令系統の動詞　→　命令文（動詞の原形）を使う！

　単に命令文だから動詞の原形が使われているだけで、それを表面的に見て「shouldが省略された」と言われてきた、というわけです。

　最後に今回の内容を整理しておきましょう。次のページにまとめておきました。

suggest型の動詞のまとめ

1 「提案・主張・要求・命令・決定」の動詞
→ 「命令」系統の動詞

2 that節の中に"should＋動詞の原形"や"動詞の原形"がくる背景

① 命令内容は「起こっていないこと（反事実）」
→ 仮定法のshould＋原形　※イギリス語法
② 命令する内容は「命令文」
→ 動詞の原形　※アメリカ語法

第2講のまとめ

5文型 ▶ 第3文型以外の文型には、動詞に共通の意味の土台がある。

Point!
- 第1文型 (SV) のとき、動詞は「いる (ある)」か「動く」の意味になる。
- 第2文型 (SVC) のとき、動詞はSとCとをつなぐ「イコール」の意味になる。つまり、「SはCだ」となる。
- 第4文型 (SVOO) のとき、動詞には「与える」という意味の土台があり、「⃞人 に ⃞物 を与える」となる。
- 第5文型 (SVOC) には「使役・知覚動詞グループ」と「SV ⃞人 to ～」の形をとる動詞グループがある。後者のSV ⃞人 to ～は「Sによって OがCする」となり、動詞の意味がわからなくても意味をとることができる。

tell型の語法 ▶ 主要なtell型の動詞はtell・remind・convince・persuade・warn・notifyの6つ。語法のパターンは3つ、① tell ⃞人 of ⃞物 ② tell ⃞人 that SV ③ tell ⃞人 to (動詞の) 原形。

Point!
tell型の動詞にはすべて「伝える」という意味がある。

that節をとる動詞の語法 ▶ that節をとる動詞は、SV that ～ という形をとる。

Point!
動詞はすべて「思う」か「言う」の意味になる。

suggest型の語法 ▶ that節をとる動詞の中でも、suggest型は別扱いして考える。

Point!
・suggest型の語法で、主節にくるのはすべて「命令」系統の動詞。
・that以下に"should＋動詞の原形"や"動詞の原形"がくる理由は、「命令内容が反事実だから（イギリス語法）」「命令する内容に命令文を使うから（アメリカ語法）」。

第 3 講

形からニュアンスが
つかめる

Q 次の文、結局試合には勝ったのでしょうか、負けたのでしょうか。

The soccer player said, "One of my teammates was injured. We would have won the game."

*injure … ケガをさせる

仮定法なら「もし〜ならば…だろう」、受動態なら「〜される」と、お決まりの日本語訳で暗記した人はかなり多いでしょう。しかし、これらの文法には明確に「使われる理由」があります。言葉によって伝えたい意図は、文の形に託されているのです。本講ではそれを知ることで機械的な読解から脱し、相手が何を伝えたいのか、文法からそのニュアンスを読み取る方法を見ていきます。

仮定法
手がかりは
助動詞の過去形

　本書も後半に入ります。第3講のトップバッターは仮定法です。

　仮定法は「法」と名づけられているので難しそうにも感じられますが、わかりやすく言えば「**妄想**」のことです。たとえば「あの電車に乗ればよかった」とか、「もう少し背が高ければこのスーツが似合うのに」とか、「会議早く終わんないかな」とか、これらはすべて現実ではないこと、妄想です。

　ただし、妄想を言葉にするとき、日本語と英語では決定的に違うことがあります。

　日本語の場合、言葉だけではその人が事実を言っているのか、それとも妄想なのかはわかりません。たとえば「アイドルと結婚したい」と言った場合、これは妄想でしょうか、それとも現実に起こり得ることでしょうか。

　答えは……人によりますね。多くの人はアイドルとは接点がないので、妄想だと判断するのが普通です。ところが、周りが何と言おうと本人の中では現実味を帯びて

いて、本気の人もいるかもしれませんし、アイドルと接点のある業界人や芸能人ならば可能性はあるでしょう。

つまり日本人は、その言葉の意味することを、相手の立場、普段の言動、言い方や雰囲気から「察して」判断しているわけです。

一方、英語では白黒はっきりしています。あり得ないこととあり得ることを完全に切り分けていて、あり得ないことを言うときには必ず「妄想です」と明確に示します。これが仮定法なんです。

次の2つの英文を見比べてみてください。

① I want to marry a TV idol.
② If I met a TV idol, I would marry her.

①は本気でアイドルと結婚したい人の言葉です（参考までに、こういう文を仮定法に対して直説法と呼びます）。②の文が仮定法です。これだとネイティブは「あ、ただの妄想なんだな」と気づきます。

仮定法の形については後述しますので、まずはこの発想、英語では「現実か妄想か」を言葉ではっきり線引きする、ということを意識してください。

仮定法の目印はifではなかった

さて、そう考えると、あり得ることかあり得ないこと

かを判別するために、ネイティブは何かを目印にしていると考えられます。仮定法の目印とは何でしょうか。

この質問をすると、ほとんどの人から"if"という答えが返ってきますが、これは恐ろしい勘違いです。**仮定法の目印になるのはifではありません。助動詞の過去形です。**これが、仮定法という文法をマスターするための最重要ポイントです。しっかり押さえてください。

> **point!**
> 助動詞の過去形を見たら、
> まずは仮定法を考える！

ifがあるかないかは関係ありません。ifがあっても仮定法にならない文はたくさんあります。

If it rains tomorrow, I won't go shopping.
「明日雨が降れば、買い物には行かない」

この文にはifがありますが、仮定法は使われていません。つまり、「雨が降る可能性」と「買い物に行かない可能性」は十分に考えられるということです。

もちろん仮定法の公式にはifが使われています。しかし実際には、ifを使わないパターンのほうが圧倒的に多いのです。

そこで、仮定法かどうかを見抜くポイント、それが助動詞の過去形です。助動詞については次の項目で詳しく

解説していきますが、先取りしてお話しすると、**助動詞の過去形が純粋に過去形として使われることはめったにありません。十中八九、仮定法として用いられます。**

「助動詞を過去形にすることで丁寧な表現になる」ということを聞いたことがありませんか。

　Will you open the window?
　「窓、開けてくれる?」
　　↓
　Would you open the window?
　「よろしければ、窓を開けてくれませんか？」

これは、仮定法のニュアンスがこもるから丁寧な表現になるということなのです。このWouldは過去形というより、仮定法から派生した用法です。wouldに「よろしければ」や「もし手が空いていれば」という仮定のニュアンスを含めることで、直接的な物言いにならず、その分丁寧になるわけです。

助動詞には気持ちがこもる

仮定法のことを、学問的には叙想法と呼びます。「想いを叙述する」という、ずいぶんとロマンチックな名前がつけられているんです。ちなみに、英語ではsubjunctive moodと言います。

何が言いたいかというと、**仮定法には気持ちがこもる**ということです。機械的に「もし〜ならば」と訳されがちな仮定法ですが、本当は「もし〜ならば…なのに。**でも実際はできない、残念だ**」という気持ちを伝える文法なのです。

　そして、助動詞にはそうした気持ちを伝える性質があります。willにしろcanにしろ、それらは何かしら話し手の気持ちを伝えているのです。ただしそのまま使うと現実のことと区別がつかないので、wouldやcouldに変えて「現実のことではないですよ!」と明示するというわけです。

公式だけでは物足りない?

　「助動詞の過去形を見たら仮定法を予測」「仮定法には気持ちがこもる」という大事なポイントを念頭に置いて、ここからは仮定法の公式を見ていきましょう。

　これはどの文法書にも下記のように書かれています。

> 仮定法の公式①
> **仮定法過去…現在の仮定を表す / 過去形を使う**
> **If s 過去形, S would 原形**
> **「もし〜ならば…だろうに」**
> ※would以外にcould・might・shouldでも可

この形を覚えるだけでは、理解度としてはまだ半分くらいです。先にも述べたようにこれはあくまでもベースで、形が変わることはいくらでもあるからです。
　文法用語では、この形は仮定法過去と呼ばれます。現在のことを言っているのに、どうして過去形なのか。これは見た目から名前をつけられています。過去形を使うから仮定法過去、というわけですね。ここがちょっとややこしいところで、今の妄想には過去形が使われるのです。

If she liked karaoke, she would go with us on the weekends.
「もし彼女がカラオケが好きなら、週末私たちと一緒にカラオケに行くのに」

　この文は今の妄想、つまり仮定法過去を使った文です。現実には彼女はカラオケが好きではなく、一緒にカラオケに行く可能性がまったくないことへの残念な気持ちが表されています。
　他方、昔の妄想をすることも可能です。それは仮定法過去に対して仮定法過去完了と呼ばれます。

> 📖 仮定法の公式②
> **仮定法過去完了…過去の仮定を表す / 過去完了形を使う**
>
> If s had p.p., S would have p.p.
> 「もし〜だったら…だったろうに」
> ※would以外にcould・might・shouldでも可

これも「昔の仮定を過去完了形を使って表す」ということから、こういうネーミングがなされています。

If she had liked karaoke, she would have gone with us on the weekends.
「もし彼女がカラオケが好きだったら、週末私たちと一緒にカラオケに行っただろうに」

この文は過去の話をしているわけですね。これが仮定法過去完了の用法です。

どうして時制がズレるのか

少し寄り道をしますが、こんなふうに、現在のことなのに過去形を使ったり、過去のことなのに過去完了形を使ったりするのって、ちょっと気持ち悪く感じませんか。気分転換に、その背景に簡単に触れてみましょう。

ネイティブが過去形を使うときには、「1歩遠ざかる」という感覚があるようです。この発想には3つのパターンがあります。

---

① **普通の過去形**：現在から「1歩遠ざかる」
② **仮定法過去**：現実から「1歩遠ざかる」
③ **丁寧なニュアンスになる過去形**：相手から「1歩遠ざかる」

　仮定法過去の場合、現在のことに過去形が用いられるのは、②の、現実から1歩遠ざかるという発想があるからです。
　また、③のパターンは②と関連しています。
　③はたとえばWould you open the window? といった文が考えられます。先ほど解説した通り、助動詞の過去形を使うことで仮定のニュアンスがこもり、丁寧な表現になるわけですが、これは心理的に相手から1歩遠ざかっている、と言えます。
　さらに、2歩遠ざかるときには過去完了形を使います。だから過去のさらに過去（大過去）や過去の妄想（仮定法過去完了）にはhad + p.p.の形が使われるわけです。
　ややこしくなってきたので、図解しておきましょう。

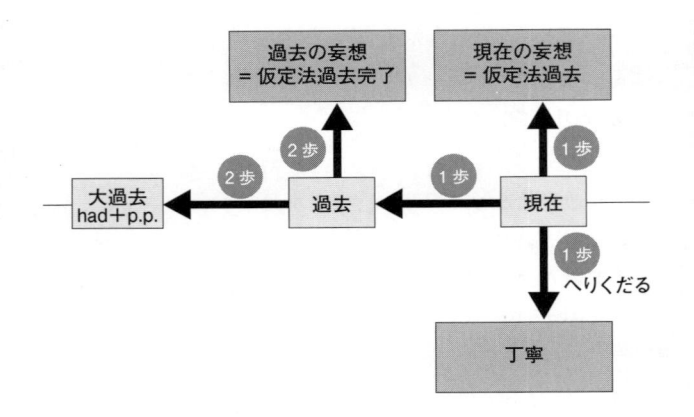

```
                過去の妄想           現在の妄想
              = 仮定法過去完了      = 仮定法過去
                    ↑                   ↑
                   2歩                  1歩
  大過去          過去              現在
  had＋p.p.  ←  過去   ←   1歩   ←  現在
                                      │
                                     1歩
                                      ↓  へりくだる
                                     丁寧
```

ifが消えた目印としての倒置

　話を元に戻します。公式が崩れるとき、つまりifが消えるときに、仮定法かどうかを見抜くにはどうすればよいでしょうか。あくまで目印は"助動詞の過去形"ですが、**公式が崩れるパターンは3つしかありません。**ですからその3パターンを頭に入れておけば、どんなときでも「あ、これは仮定法だ」と気づけるようになります。

仮定法のifがなくなるパターン

1. **if省略による倒置**
2. **if節が別の言葉で代用される**
3. **if節が完全に消滅**

1つずつ見ていきましょう。

> **仮定法のifがなくなるパターン❶**
> **if省略による倒置**
> 仮定法のifは省略できる。省略した目印に倒置(疑問文の語順)になる。
> ※倒置できるのはWere / Had / Shouldのみ

これは仮定法のifを省略した目印として、倒置(疑問文の語順)になるパターンです。ifが消える流れを見てみましょう。

If I had arrived two minutes earlier, I could have been in time for the train.
↓
Had I arrived two minutes earlier, I could have been in time for the train.

「もしあと2分早く到着していれば、その電車に間に合っていたのに」

※倒置になっても英文の「意味」は変わりません

Had I ~ という出だしになったことでifは消えてしまいますが、後半にあるcouldを見て仮定法だと気づきます。

この仮定法の倒置は、「古い英語」なんて言われることもありますが、TOEICテストで出題されることもあ

第3講 形からニュアンスがつかめる 113

りますし、ビジネスレターでもよく使われます。また、ifの1語とはいえ文を短縮できることから、新聞の見出しなどでも重宝されています。

> **代用表現を使うパターン**

次のパターンです。

> **仮定法のifがなくなるパターン❷**
> **if節が別の言葉で代用される**
> 仮定法のif節が、もっと簡略化されてif以外の言葉で代用される。
> ※よく使われる代用表現
> without / otherwise / in my place など

公式のIf sv, SV. という形をきちんと作るのではなく、もっと簡単にすることもよくあります。要するに、if節ではなくwithoutやotherwiseで代用するイメージです。英文で確認してみましょう。

I would not have succeeded <u>if you had not helped me</u>.
↓
I would not have succeeded <u>without your help</u>.
「君が助けてくれなかったら、うまくいかなかったよ」

この文ではif you had not helped meがwithout your

helpに簡略化されています。いちいちSVを言う必要がありませんし、語数も減っていますね。

otherwiseを使ったケースもよく見かけます。otherwiseは「そうでなければ」という訳し方だけが有名ですが、if節の代用表現というイメージをしっかり押さえたほうが、英文のリアルなイメージが湧きます。

I started immediately after lunch; <u>if I had not started immediately after lunch</u>, I would have missed the train.
↓
I started immediately after lunch; <u>otherwise</u> I would have missed the train.
「昼食後すぐに出かけた。そうでなければ、電車に乗り遅れただろう」

この otherwise は、if I had not started immediately after lunch を1語にギュッと凝縮したものです。

このwithoutやotherwiseだけでなく、その他のどんな語句でもif節の代わりとして用いることができます。in my placeという表現もよく使われます。

What would you do <u>in my place</u>?
「もし私の立場だったら、どうする?」

ここでもwouldを見て「仮定法かな」と目星をつけ、

第3講 形からニュアンスがつかめる 115

if節の代用表現を見つけて、その予想が確信に変わるわけです。

> **if節がまるごと消える**

最後のパターンは、if節がまるごとなくなってしまいます。これはあまり仮定法と認識されていないため取り上げられることが少ないのですが、実はけっこう目にします。

> **仮定法のifがなくなるパターン❸**
> **if節が完全に消滅**
> 仮定法のif節が完全に消滅する。主節だけで表現する仮定法。

The soccer player said, "One of my teammates was injured. We would have won the game."
「『チームメイトの1人がケガをしていた。(もしケガ人がいなければ) 試合に勝てたのに』とそのサッカー選手は言いました」

これは第3講の冒頭で出したクイズですね。
仮定法＝ifだと思い込んでいると、ifが消滅しているこんなときには、「チームメイトの1人がケガをしてい

た。(とはいえ)試合に勝った??」と解釈しそうになるのではないでしょうか。

　しかし、もうおわかりでしょう。wouldを見つけて仮定法だと気づくわけです。意味をとるときには「もしケガ人がいなければ」という意味を頭の中で補うと、より鮮明になります。

　扉の問題の答えは、「試合には負けた」となります。さらに補足すれば、この文は「試合に負けたことへの悔しい気持ち」を表していると言えるでしょう。

　このような、英語の世界では当然視されているifのない仮定法に気づく視点が身につけば、複雑な文を理解する力が格段に上がります。

助動詞 will
"I'll be back."の本当のニュアンス

　前の項で仮定法を説明したときに、「助動詞の過去形が目印になる」という大切な話をしました。そのときに、助動詞についての大事なポイントもお伝えしたのですが、覚えていますか。

　それは、「助動詞は気持ちを表す」ということです。canやwillなどの助動詞は、あまりになじみがあるからか、あるいは「助」という言葉のせいでサブ的なものに見えるのか、なんとなく軽視されがちですが、**助動詞が加える意味とは話し手の気持ちなのです。**それは文の内容が客観的なことなのか、その人の気持ちなのかが助動詞1つで判別できる、ということでもあります。

　ここからはしばらく、主要な助動詞について、それぞれがどんな気持ちを表すのかを見ていきましょう。

訳し方ありすぎ！

まず、注意すべき点についてお伝えします。

それはそれぞれの助動詞に定着している日本語訳についてです。第1講で時制を解説したとき、進行形や完了

形を和訳から考えることがいかに苦しいか、ということをお話ししました。これは助動詞も同じです。最初は定着している日本語訳で覚えていても差し支えないのですが、学習が進むにつれてその訳語が邪魔をします。

中学英語の範囲内では、canを「〜できる」、willを「〜するつもり、〜でしょう」といったように、助動詞1つにつき1〜2個の訳し方をあてがうように処理していれば問題ありません。ところが高校に入ると、たくさんの訳し方が出てきます。

その最たるものがwillです。高校英語では助動詞willをこう習います。

📖 **教科書的な説明**

1 意志「〜するつもり」
I will study English tonight.
「今夜は英語を勉強するつもりです」

2 推量「〜するでしょう」
It will rain tomorrow. 「明日は雨が降るでしょう」

3 習慣・習性「〜する習慣・習性がある」
My boss will talk about others.
「うちの上司は人の噂話をする」

4 拒絶「(否定文で)絶対に〜しない」
The boy won't eat mushrooms.
「その男の子は絶対にキノコを食べようとしない」

全国の高校生はこれを丸暗記し、willが出てくるたびに「意志かな、推量かな、それとも…」と、適切な訳を張りつけることを強いられています。でもまさかネイティブが、頭の中で「意志、推量、習慣…」なんて考えているはずがありません。

めちゃくちゃ力がこもるwill

　そこで「willにはどんな気持ちがこもるのか」という視点から考えてみましょう。

　助動詞willの語源をさかのぼるとwillan（欲する）という言葉につきあたります。

　あるいは、

Where there's a will, there's a way.
「意志があれば、道は見つかる（精神一到何事か成らざらん）」

ということわざ、このwillは助動詞ではなく名詞ですが、名詞willを辞書で引くと「意志」「決意」「命令」「遺言」といった明らかに力強い意味ばかりが並んでいます（遺言というのも、自分の死後のことまで「こうしてほしい」という強い願望ですよね）。

　実はwillは「**必ず〜する**」という非常にパワフルな意味を持つのです。

> willはこう覚える！

willは「必ず〜する」という意味

　高校英語で登場するwillのたくさんの訳し方も、ここから考えるとすべて納得できます。

① 意志「〜するつもり」
I will study English tonight.
「今夜は英語を勉強するつもりです」

　訳は今までと変わりませんが、先のポイントを踏まえれば文のイメージが変わりませんか。この文は単に「勉強するつもりです」ではなく「必ず勉強するんだ」という強い意志が含まれているわけですね。
　アーノルド・シュワルツェネッガー主演の有名な映画『ターミネーター』に、I'll be back.（必ず戻ってくる）という主人公の有名なセリフがあります。この言葉に込められた力強さと決意とを、willのイメージを知っていれば強く感じ取れるでしょう。

② 推量「〜するでしょう」
It will rain tomorrow.
「明日は雨が降るでしょう」

willの力強さを考えると、話し手は雨が降ることに自信を持っていることがわかります。日本語訳からではこのニュアンスはわかりません。「〜でしょう」という日本語は、自信がなくてもあっても使えるあいまいな言葉だからです。

　ちなみに、相手に配慮するべきときなど、あまり力強く言いたくないときには、I think it will rain tomorrow. のように、文頭にI thinkをつけて断定を弱めます。

③ 習慣・習性「〜する習慣・習性がある」
My boss will talk about others.
「うちの上司は人の噂話をする」

　習慣や習性とは繰り返し行われること、つまり「必ず〜する」ということですね。

④ 拒絶「（否定文で）絶対に〜しない」
The boy won't eat mushrooms.
「その男の子は絶対にキノコを食べようとしない」

　否定文によって、「必ず〜する」が「必ず〜しない」になっただけです。ちなみにこの場合、主語が人である必要はありません。My smartphone won't boot.（どうしてもスマホが起動しない）といったようにも使えます。

会話の中でも大活躍

 話し言葉でwillがどう使われているか、ちょっとだけ見てみましょう。下線部を英語にしてみてください。

> （お店にて）
> 「では、私はそれを買います」
> ※「買う」はtakeを使う

 ここまでの流れでwillを使うのを忘れることはないと思いますが、いきなりこれを言おうとすると、I take it. と現在形にしてしまうミスが多いのです。

 この状況でI take it. がおかしいのは、もうおわかりでしょう。現在形とは「現在・過去・未来形」でしたね。この場面では今から一度だけ買うわけですから、「必ず買う」という意志を伝えるwillを用いて、I will take it. が正解です。

 会話ではこのように、現在形より助動詞willを使う場面が圧倒的に多いのです。「〜するつもり」と言われれば、誰でもwillを使えますが、お店でいざお会計をするときに「私はそれを買うつもりです」なんて言葉はなかなか頭に浮かばないはずです。そんな場面でwillを自然に使えると、英語上級者の仲間入りと言えます。

第3講　形からニュアンスがつかめる

助動詞 can
なぜ"Could be."は「かもね」なのか

　canは「できる」という訳ですっかり定着していますが、もう1つ同じくらい重要な意味に「あり得る」があります。「できる」という意味は中1で学びますが、「あり得る」を本格的に習うのは高校に入ってからなので、中学3年間のうちに「can = できる」という印象が強くなってしまうのです。

　あるいは、「許可」や「依頼」なんていう用法を載せている文法書も少なくありません。整理するとこのようになります。

📖 **教科書的な説明**

1 可能「〜できる」
He can run fast.「彼は速く走ることができる」

2 許可「〜してもよい」
Can I come in?「入ってもいい?」

3 依頼「〜してくれる?」
Can you help me with my work?
「仕事を手伝ってくれる?」

4 推量「あり得る」
Accidents can happen.「事故は起こり得る」

> ❶疑問文「〜があり得るだろうか」
> 　Can it be true?「それは本当だろうか」
> ❷否定文「〜のはずがない」
> 　It can't be true.「それは真実のはずがない」

　このcanの用法を少し整理してみましょう。

　まず、「可能」から、「許可」と「依頼」が派生しているのがわかりますね。というより、許可や依頼というのは「可能かどうか」を聞いているわけですから、無理に分けなくてもいいくらいです。したがって、canの意味は実質的に「可能（できる）」と「推量（あり得る）」の2つにまで絞れます。

「できる」ではなく「いつでも起きる」

　ということで、canのもう1つの意味「あり得る」を考えることで、「can = できる」という段階から脱しましょう。たとえば、

Accidents can happen.

　という表現、このcanは教科書的に言えば「推量」の用法で、「事故は起こり得る」ということです。この「あり得る」というのは、「いつでも起きる可能性がある」ということです。これがcanの核心です。

第3講　形からニュアンスがつかめる

> can はこう覚える！

canは「いつでも起きる」という意味

　これには「可能」の意味も含まれます。「やろうと思えばいつでもできる」というのが「可能」ということです。I can swim. なら「泳ぐという行為はいつでも起きる」、つまり「（泳げと言われればいつでも）泳げる」というわけですね。

"Could be." =「かもね」!?

　「あり得る」という意味の例としては、先ほどのAccidents can happen. があります。「事故はいつでも起きる」、つまり「事故というものはいつ何時でも起きる可能性がある」という意味です。
　この「あり得る」という意味は、否定文（can't =「あり得ない」）で使われることが非常に多く、会話の中で頻出します。

It can't be true.
「それが真実ということはあり得ない」

さらにこの文からtrueが省略された形も多用されます。

It can't be.
「そんなことはあり得ない」

もし映画で今風の若者がIt can't be! と言っていたら、「マジあり得ないし」という字幕になるかもしれません。
　さらにこれは形を変えて使われることもあります。肯定文 It can be true. において、canがcouldに変わります。

It could be true.
「もしかしたら本当の可能性がある」

ここでcouldを過去形と考えてしまうと、文を正確に理解できません。仮定法の説明で触れた通り、**助動詞の過去形を見たら、まずは仮定法を考える**んでしたね。
　It could be true. のcouldは仮定法の一種で、このcouldの中に「もしかしたら・ひょっとしたら」のように、「〜したら」という仮定が含意されるのです。したがって、It could be true. の意味は、「もしかしたら本当かもしれない」という意味です。この文からtrueが省略されて使われることもよくあります。

It could be.
「もしかしたらね」

もっと簡略化されて使われることもあります。

Could be.
「かもね／たぶんね」

これはイエスともノーともはっきり言いづらいときに使われます。

「文法を考えていては会話はできない」という意見に飲み込まれてしまうと、このCould be. は意味不明以外の何物でもないでしょう。過去形のcouldとbe動詞が組み合わさって、なんで「かもね」という意味になるのか……意味がわからず呪文のように丸暗記をしてしまう。たった2語の表現とはいえ、そこに論理が存在しない以上、時間が経てば忘れてしまうのが正常な人間というものです。

canの「あり得る」という意味から始まって、canがcouldに変わることで「もしかしたら」というニュアンスが生み出され、さらに会話の中で簡略化されてItやtrueが省略される、といった流れで覚えるほうが、効率的に記憶に定着させられますし、ネイティブの気持ちを実感できるというわけです。

ちなみに、Could be. をmaybeと同じ意味と説明する辞書もあります。実はmaybeという副詞は、It maybe ...（～かもしれない）から生まれた表現なのです。maybeという形で完全に1つの単語として認識されてい

るわけですが、Could be. のほうはまだその変化の途中にあると言えます。崩れた形ではmaybeと同じように、could beを副詞のように（文頭につけて）使うことも稀にあるくらいです。もしかしたら、あと数十年すればcouldbe（かもね）なんていう単語が辞書に載っているかもしれません。

助動詞 may・must
可能性、
はっきり言ってどのくらい?

　次の文、話し手は明日どのくらい雨が降ると思っているでしょうか。

It may rain tomorrow.

　日本語に訳すと「明日雨が降るかもしれない」という意味ですね。mayは「〜してもよい（許可）」と「〜かもしれない（推量）」という2つの意味で教わる助動詞です。でも「明日雨が降るかもしれない」だけでは、その人がどのくらい雨が降ると思っているかはわかりません。

　日本語の「かも」という表現はあいまいなのです。雨雲が出て、かなりの確率で雨が降りそうなときも「雨降るかも」と言えますし、晴れてはいるものの、念には念をというつもりで「雨降るかも」とも言えます。仮定法の項で説明したように、日本語は「察する言語」であり、相手が使った「〜かもしれない」がどの程度の可能性なのかは、状況に応じて受け手が察する必要があります。

一方、英語では「察する」という発想が日本語よりもはるかに薄く、自分の考えをわかりやすく伝えるのが話し手の義務だと考えられているので、mayの意味もはっきりしています。mayとは、どちらとも言えない気持ちのときに使われる「50%」の表現です。

> mayはこう覚える！
> **mayは「50%（半々）」という気持ち**

要は半々ということで、イエスでもノーでもない、と感じているときに使うということです。canのところでCould be.（かもね）という表現が出てきた際に、maybeと同じだと説明する辞書もあることに触れました。mayにはこの、どっちに転んでもおかしくないというニュアンスがあるのです。

「50%」から解き明かす

mayの一般的な説明としては「許可」と「推量」という2つの用法でまとめられています。

> 📖 教科書的な説明
>
> **1 許可「〜してもよい」**
> You may go if you wish.
> 「行きたいなら行ってよろしい」
>
> **2 推量「〜かもしれない」**
> It may rain tomorrow.「明日は雨かもしれない」

　これを「50%」で考えてみましょう。50%の許可とは、やってもいいしやらなくてもいい、つまり「おすすめ度50%」ということです。You may go. でもこのニュアンスは含意されますが、You may go if you wish. とすることでより、やってもいいしやらなくてもいいというニュアンスがはっきり伝わります。

　「推量（〜かもしれない）」のほうがイメージは湧きやすいでしょう。この文で言えば、雨が降る可能性は50%、つまり半々だと思っているわけです。もちろん降水確率がきっちり50%のときにしか使えないわけではなく、あくまで主観で、どっちに転んでもおかしくないようなときに使います。

エラそうになる？

　mayの「〜してもよい（許可）」のほうの使い方には

1つ注意点があります。

それは、目上の人に対しては使わないということです。考えてみれば当たり前で、いくら50%とはいえ、許可を与えることができるからには目線が上がるわけです。肯定文でYou may ... と許可の意味で使うと、ちょっとエラそうな感じになると思ってください（もちろん、It may rain. のような文はその限りではありません）。

一方疑問文になると、相手の許可を求めることになるため、丁寧な表現になります。それが中学英語で出てくるMay I ...？（～してもよろしいですか）で、May I come in?（入ってもよろしいですか）とかMay I help you?（いらっしゃいませ）といったように使います。

言うまでもなく、May I ...？と聞かれたときに、「mayで聞かれたからmayで答える」なんて発想で、Yes, you may. ／ No, you may not. と答えてはいけません。普通は次のように答えます。

〈OKの場合〉
Sure. ／ Yes, of course.
「もちろんです」
〈NGの場合〉
I'm sorry, but you can't. ／ I'm afraid not.
「申し訳ありませんが、それはできません」

第3講　形からニュアンスがつかめる

> **ついでに過去形mightも攻略**

　mayの過去形mightにも触れておきましょう。

　mightはmayの過去形と習います。確かにその通りですが、現代英語でmightが「〜かもしれなかった」という意味になることはないと考えて大丈夫です。助動詞の過去形を見たらまず仮定法を考えるのでしたね。mightとはmayに「もしかしたら」という仮定法のニュアンスが加わったものです。

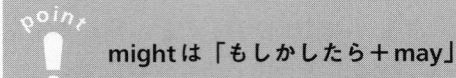

> **point**
>
> **mightは「もしかしたら＋may」**

　mightは、mayではちょっと強いかなと感じるときに使われます。「(おすすめ度50%まではいかないけど)もしかしたら〜してもよいのだが」「(50%まではいかないけど)もしかしたら〜かもしれない」という感じです。

　ちなみに、mightを使った会話表現としては、You might want to ...（〜してみてはいかがでしょうか）があります。

　大学受験の問題などでは見かけないので初めて見た方も多いかもしれませんが、ビジネスの場ではよく用いられます。ビジネス英会話の本ではよく「丁寧な提案表現」と載っていますが、丁寧な提案のmightなどと暗

記する必要はありません。might＝もしかしたら＋may（50％）なので、直訳は「あなたは、もしかしたら〜したいと思うかもしれません」です。それが丁寧な提案と名づけられているだけです。

You might want to give your presentation to the board.
「役員会でプレゼンしてみてはいかがでしょうか」

少しもって回った感がありますが、この遠回しな感じが丁寧さにつながります。これはmayを正しく順を追って理解することでマスターできる会話表現の1つです。

グイグイ背中を押されるmust

次にmustについてですが、mustにも一見それぞれ独立しているように思える2つの用法があります。

> 📖 教科書的な説明
> **1** 義務「〜しなければならない」
>   I must go at once.「私はすぐに行かなければいけない」
> **2** 推定「〜に違いない」
>   He must be sick.「彼は病気に違いない」

「〜しなければならない」と「〜に違いない」には距

離がある感じがしますが、どちらの意味にも話し手の強い気持ちが感じられます。

mustの背後に隠れているのはこの強さ、グイグイ背中を押されるようなプレッシャーです。「他には考えられない。それしかない!」という感覚がmustなのです。

> must はこう覚える!
>
> **mustは「それしかない!」という気持ち**

他の行動は考えられない。そうするしかない!という気持ちが「〜しなければならない」であり、他の可能性は考えられない。それしかない!という気持ちが「〜に違いない」というわけですね。

丁寧な must

とはいえ、mustにはちょっとキツい印象があるかもしれません。たとえばI must finish the work by five.（5時までにこの仕事を終えなければならない）といった文からは、なんとなく義務感のような厳しさが漂います。しかし、次のように丁寧な表現としてmustが使われることもあるんです。

You must try sushi. It's delicious.
「ぜひお寿司を食べてみてよ。おいしいから」

　僕たち日本人は、人に何かおいしいものを勧めるときに「お口に合うかどうかはわかりませんが…」という気遣いをするのが美徳とされますが、若い人や友達同士なら、もっとフランクに「絶対食べてみな」と言いますよね。

　こういった言い方は、形式的には強制、もしくは命令ですが、その裏には相手のことを思う気持ちが含まれています。この発想は日本語でも英語でも同じで、相手にとって良いと思われる行動を促すときは、それが丁寧と解釈されるわけです。

助動詞 shall・should
ヒントは
『聖書』の中にある

次はshallとshouldをまとめて解説していきます。

助動詞shouldは頻繁に使われますが、shallはあまり見かけません。それもそのはず、shallはとても肩身の狭い思いをしていて、現代英語では下記のような決まり文句くらいでしか使われません。

> Shall I 〜?「(私が)〜しましょうか」
> Shall we 〜?「(私たち皆で)〜しましょうか」
> Let's 〜 , shall we?「〜しましょうか」

これ以外にshallが出てくることは稀です。たまにI shall ... という形で使われますが、I will ... に置き換え可能と言われ、shallを知らずとも済んでしまいます。そのため、shallが詳しく説明されることもありません。

それでも本書はあえてshallを解説します。shallのニュアンスを知ることで、その意外な深みがわかるのと同時に、超重要なshouldのポイントを理解する足場になるからです。

『聖書』からつかむshallのニュアンス

まずはI shall ... という形を見てみましょう。

I shall never forget your kindness.
「ご親切にしていただいたことは絶対に忘れません」

I shall ...はI will ...と同じ意味か、より厳密に「I will ... と同じような意味ではあるが、多少堅い雰囲気になる」と説明されます。これだけだと今ひとつピンときません。

そこで、珍しくshallが多用される書物、世界一のベストセラー『新約聖書』の一文を見てみましょう。

Ask, and it shall be given you; seek, and you shall find; knock, and it shall be opened unto you.
The New Testament
「求めよ、さらば与えられん。探せよ、さらば見つからん。門をたたけ、さらば開かれん」

『新約聖書』

聖書の中でもとくに有名なこの文には、shallが何度も使われています。ここにはただ堅いだけでなく、何かwillと違う決定的な存在が背後に隠れているのに気づきませんか。

willは確かに強い意味ですが、その強さの源は「人」です。しかし、『聖書』で使われているshallには、人の意志を超えた「**運命**」や「**神の意志**」が内包されています。これこそがshallのニュアンスです。

> **point！　shallは「運命」「神の意志」のニュアンス**

　willよりもshallのほうが堅いというのも、これを知ると納得ですね。

　shallは聖書の他に法律や規定、契約書などでも目にします。shallを使うことで「神の意志にしたがって」というニュアンスを出しているのでしょう。

　また、shallが使われた歴史的に有名な文があります。それは第二次世界大戦中、日本軍の攻撃によってフィリピンを追われることになった米極東軍司令官・マッカーサーが残した言葉です。英語の授業で取り上げられることはあまりないようですが、歴史の授業で聞いたことがある人も多いと思います。

I shall return.
「私は必ずや戻ってくる」

　「私がここに戻ってくることは、運命によって決められている。それは神の意志だ」といった、とても強いニ

ュアンスがこもっています。

　これは、willの項で取り上げた『ターミネーター』のセリフ、I'll be back.と比較するとその差が一段とはっきり浮かび上がります。

　willは「必ず〜する」という、強い意志を示すものでした。その意味では両者はどちらも強い決意が底に潜んでいますが、その決意が神の意志を反映したのがマッカーサー、自分の意志に基づくのが『ターミネーター』です。『ターミネーター』の主人公はサイボーグなので、神を信じないがゆえにshallを使わなかったのかもしれません。

ノートに名前を書かれた人間は…

　記憶に定着させるため、もう1つだけshallの例を引用してみます。今度は日本のマンガ、2006年まで少年誌に連載され、映画化もされた『DEATH NOTE』です。物語は人を殺す力を持ったノートをめぐるサスペンスですが、作中ではそのノートの使い方（"HOW TO USE IT"）として、ノートにこのような英文が表記されています。

The human whose name is written in this note shall die.

「このノートに名前を書かれた人間は死ぬ」

この和訳は作中と同一ですが、もしshallのニュアンスをより鮮明に出すなら「このノートに名前を書かれた人間は死ぬ運命だ」です。「運命・神の意志」というニュアンスを明確に感じさせる見事な英文ですね。ただしマンガに出てくるのは、死神ですが。

shouldを「すべき」で覚えない

このshallのニュアンスが、shouldを考えるうえでどう役に立つのか。ここからはshouldの解説です。

一般的にshouldは、「義務・忠告（〜すべき）」「推定（〜のはずだ）」という2つの意味があると説明されます。このうち「〜すべき」だけを中学校で習うので、高校英語で追加される「〜のはずだ」のほうを覚えるのに苦労している学生を何人も見てきました。ですが、この2つを分けて考える必要はありません。

shallの「運命・神の意志」というニュアンスは、shouldにも反映されます。しかし前面には出ません。shallを過去形にすることで、仮定法のニュアンスが含まれるからです。すると、「もし神の意志に従うならば〜するだろう」、もう少し砕くと「**(本来ならば) 〜して当然**」となります。

> **point!** shouldのニュアンスは
> 「(本来ならば)〜して当然」

「義務・忠告」の用法は、ある"行動"に対して「〜して当然」ということで、「〜すべき」になるわけです。一方これを、ある"状況"に対して使えば「(本来ならば)〜のはずだ」になります。たとえば、

She should be in the office.

と言ったとき、「(本来ならば)オフィスにいて当然」ということであり、それを言い換えれば「きっとオフィスにいるはずだ」になるだけです。

「すべき」「はず」という訳語を暗記するのではなく、shouldは「(本来ならば)〜して当然」というポイント、これだけを押さえてください。

以上の、普段よく見かけるshouldは、本来は過去形であるがゆえに仮定法のニュアンスを残していたというわけです。解説は以上ですが、本書ではすでにshouldが登場していましたね。第2講の「語法 その3」でsuggest型の動詞を説明したときに、仮定法現在としてshouldの大事な働きを解説しました。もう一度戻って確認してみると、その機能がより頭に定着しやすくなるでしょう。

第3講　形からニュアンスがつかめる

受動態

使われるのには
ワケがある①

　受動態は中学校で教わりますが、「不定詞がわからない」「関係代名詞が嫌い」と聞くことはあっても、「受動態が苦手」という声は聞いたことがありません。多くの人は「be + p.p.（be動詞と過去分詞）を『〜される』と訳すだけでいいんでしょ」と考えがちです。

　それでも、学生のころの授業をちょっと思い出していただきたいのですが、あのとき、妙に不自然な日本語訳が出てきませんでしたか。「天ぷらはナンシーによって食べられた」とか「この手紙はケンによって書かれた」といったものです。これらは受動態の文を「〜される」で訳した文章です。言いたいことはわかるので初級段階ではスルーしてしまうのですが、実はこの考え方だと、少し難易度が上がるだけで通用しなくなってしまうのです。なぜかというと、**英語の受動態と日本語の受け身（〜される）は、底に流れる発想がぜんぜん違うからです。**

受動態の存在意義は？

　そこでまずは、一般的な受動態の説明を確認して、そ

の後にそれに何が足りないかを解説していきます。

> 📖 教科書的な説明
>
> **1 能動態の文を受動態に書き換える手順**
> ❶ 目的語を前に出す(主語にする)
> ❷ 動詞を"be+p.p."に変える
>   ※"be+p.p."で「〜される」と訳す
> ❸ 主語を"by 〜 "にする
>   Edison invented the electric light.
>   「電灯を発明したのはエジソンだ」
>   →The electric light was invented by Edison.
>
> **2 注意事項**
> 行為者が「店員」「一般の人」「不明」などの場合、by 〜 を省略する。
>   They speak English in Canada.
>   →English is spoken in Canada.
>   「英語はカナダで話されています」
>   ※行為者theyは「(カナダの)一般の人」を指すので省略する

　この説明はもちろん正しいのですが、ここに欠けているのは、**そもそも受動態の存在意義は何なのか**という問いに対する説明です。もし能動態の文と置き換え可能なら、受動態なんて文法はそもそも必要ありませんよね。受動態という形があるということは、受動態のほうが好ましい場面が必ずあるということです。これが受動態の一番大切なところで、本講のテーマ「形からニュアンスがつかめる」と密接にかかわってきます。

使われるべき理由が大事

ではさっそく、受動態マスターの急所である「使われる理由」を見ていきましょう。理由は主に2つです。

受動態が使われる理由

1 主語を言いたくない（by ～ を使わない）
具体的には…
①主語が明らか　　②主語をあえて隠したい
③主語が不明

2 主語と目的語の位置を変えたい（by ～ を使う）
具体的には…
①主語を出し惜しみして強調したい
②目的語を前に出したい

こう羅列すると面倒くさく見えますが、どれも簡単ですのでご安心ください。まずは1のケースを解説し、2は後ほど説明します。

さっそく1の「**主語を言いたくない**」ということを見ていきます。言いたくない理由は3つにパターン化できます。

① 主語が明らか

先ほどの English is spoken in Canada. という文では by them が省略されていました。them は「カナダの人

たち」に決まっています。わかりきったことをあえて示す必要はないので、受動態が使われるわけです。
　この発想はすごく簡単な英文にも隠れています。

I was born in Tokyo.
「私は東京で生まれた」

　最近では小学生でも自己紹介として暗記しているI was born ... という表現は、実は受動態です。bornはbear（生む）の過去分詞です。この文で省略されているのは、by my motherです。「母から生まれた」なんて、あまりにも明らかですよね。あえて明示すると「母」を強調することになって、かえって不自然な文になってしまいます。

② **主語をあえて隠したい**
　たとえば会議の場面でI think that ... と発言すると、「私の考え」だということが明示されて、発言に責任が生じます。そこでこれを受動態のIt is thought that 〜（Itは形式主語、that 〜 が真主語）とすると、主体である"I"が隠れ、「（私だけの意見ではなく）世間一般で考えられていることですよ」といったニュアンスが含まれます。主語を隠すことで、言ってみれば責任逃れできるわけです。この形は客観的に語りたい論文などでも多用されています。

第3講　形からニュアンスがつかめる

③ 主語が不明

たとえば He was killed in the war.（彼は戦争で亡くなった）という文は、ずばり誰に殺されたのかまでは特定できません。また、話の重点は「戦死したこと」なので、行為者を特定して伝える必要もありません。このような場合にも受動態が好まれます。

> **be haunted はなぜ受動態なのか**

少し難しい英文で見ていきましょう。次の文の意味を考えてみてください。

I heard that the mansion is haunted.

haunt を辞書で引くと「（幽霊などがある場所に）出没する」と載っているので、これを手がかりにして文意を予想することはできますが、ここではなぜ受動態が使われているのかという視点から見ていきます。

haunt はもともと "人 haunt 場所" という形で、「人 が 場所 によく行く」という意味です。

She haunts the cafe.
「彼女はそのカフェによく行く」

この文の主語を「おばけ」に変えれば、"おばけ

haunt 場所"（おばけが場所に出没する）となります（「よく行く」と「よく出没する」は同じ意味ですよね）。

Ghosts haunt the mansion.
「おばけがそのお屋敷によく出没する」

これはこれで立派な文ですが、話し手には「主語のGhostsを口にしたくない」という心理があります。が、英語の世界では言いたくないからといって主語を省略することはできません。そこで受動態の出番です。

Ghosts haunt the mansion.
→The mansion is haunted.

The mansion is haunted by ghosts. と、by ghostsまで言ってしまったら本来の目的が台無しになってしまうので、The mansion is haunted. で文を終わりにします。以上から、この「(幽霊が)出没する」という意味では、be hauntedという受動態の形で使われるわけです。

ちなみに、このhauntedという過去分詞を使った、haunted house [mansion]（おばけ屋敷）という表現もあります。日本の遊園地でも使われているので、聞いたことがある方も多いでしょう。

第3講　形からニュアンスがつかめる

by 以下は省略されまくっている

by以下が省略された身近な例を挙げてみましょう。実際の受動態の文では、by以下が省略されることのほうが多いのです（英語学のある調査では、受動態の8割強はbyを伴わないと言われています）。

- Made in Japan 「日本製」
- Closed 「閉店いたしました」
- Occupied 「使用中」
- Reserved 「予約済み」
- Service is included. 「サービス料は含まれています（チップは不要です）」
- All flights were canceled because of fog. 「霧のため全便欠航です」

とはいえ、by以下が省略されない受動態の文ももちろん存在します。では、by以下を省略しないときにはネイティブはどういう心境なのか、そして何を意図しているのか、次のページから詳しくお話しします。

受動態
使われるのには
ワケがある②

　ここからは受動態を使うもう1つの理由、**主語と目的語の位置を変えたい**ということについて解説します。これには「①主語を出し惜しみして強調したい」「②目的語を前に出したい」という2つのケースがあります。そして、基本的にby以下を伴います。

① 主語を出し惜しみして強調したい

　主語を後ろに持っていって出し惜しみすることで、情報が引き立てられます。たとえばThe window was broken by Tom. という文は、by以下に示されている「トム」が強調されます。たとえば、「窓を割ったのは誰?」という問いに対する回答として使われるわけです。ちなみに能動態のTom broke the window. では、「窓」が引き立てられます。この文はたとえば、「トムは何を壊したの?」という問いに対する回答などが考えられます。

　さらに、テレビ番組の提供アナウンス時に使われる次のような表現も、by以下を後ろに持ってきて強調した好例です。

This program is presented by AAA AIRLINE.
「この番組の提供はAAAエアラインです」

また、Tempura is eaten by Nancy.（天ぷらはナンシーによって食べられる）のような、不自然な訳の違和感もここから拭えます。

日本人が天ぷらを食べるのはよくあることですが、この文はby Nancyとすることで、「（外国人である）ナンシーが」という部分を強調しているわけです。訳す際も「〜される」にこだわる必要はなく、「天ぷらを食べるんだよ……ナンシーが!」と考えると、ニュアンスがきちんと理解できます。

② **目的語を前に出したい**
こちらは①とは反対に、「目的語を前に引きずり出す」ことを意図しており、長文の中で前の文と同じ主語で揃えたいなど、文の流れを重視したい場合に使われます。
その視点で、次の文を見てみてください。

This device was invented by the Indians, and it was developed by the Japanese.

受動態の文が2つ連なっていて、前半は「この機器を発明したのは……インド人だ」と、by the Indiansを強調しています。後半の文では受動態にすることで、文を

itから始めていますが、これによって前半のThis device と主語が揃います（英語ではこういう文体がよく好まれます）。

さらに、後ろにby the Japaneseを持ってくることで、「それを改良したのは……日本人だ」といったように、①の強調の役割もあります。つまり、前半の強調部分（by the Indians）と後半の強調部分（by the Japanese）がきれいに対比されているのですね。受動態の本質をつかむことで、byをただ「～によって」と訳すだけの段階とは、情報を受け取るレベルに雲泥の差が生じるわけです。

「左から右」の流れにするには

また、単に「目的語→主語」の順番で語ったほうがわかりやすい、というときにも受動態が使われます。これを理解するために、まずは次の問題に答えてみてください。

問：空所に入るのはどちら？
April follows (　　).
❶ March　❷ May

followは「追いかける」という意味で、正確に言うと「先行するものを追いかける」です。後 follow 先．と

第3講　形からニュアンスがつかめる　153

いう形で捉えるとイメージしやすいでしょう。

したがって①が正しく、April follows March.（4月は3月の後にやってきます）となります。ちなみに次のような矢印を使ったイメージで直感的に捉えると、文を読むときはもちろん、リスニングでも役に立ちます。

April <u>follows</u> March.
4月　　←　　3月

ただし、英文は左から右に読んでいくのに、矢印の向きはその逆、右から左になっているため、ちょっと読みづらいと思われるかもしれません。こういうとき、主語と目的語を入れ替えることができるとすごくすっきりします。そこで受動態の登場です。

April follows March.
→ March is followed by April.

これで文も内容も「左から右」の流れになります。つまりbe followed byが出てきたら、単純に左から右の矢印（→）と考えればいいんです。

March <u>is followed by</u> April.
3月　　→　　4月

このbe followed byという形はいろいろなところで使われていますので、矢印で置き換えられることを知っておくと便利です。次のようなちょっと複雑な文でもあっさり解決します。

The lecture was followed by the question and answer session.

was followed byを見た人の大半は、「〜によって追いかけられる」という直訳から内容を考えようとしてしまうわけですが、「→」で置き換えることさえ知っていれば一瞬です。The lecture → the question and answer session、つまり「講義の後に、質疑応答があった」という意味です。

分詞構文でも多用される

be followed byはこのままの形でもよく使われますが、分詞構文になった形でも多用されます（分詞構文は第4講で説明します）。分詞構文での形は、"〜, followed by ..."となります。もちろん分詞構文になっても、矢印の方向は同じままです。

第3講　形からニュアンスがつかめる

〜 , (being) <u>followed by</u> …
→
「〜だ。それに引き続いて…だ」
※beingは普通省略されます

この形は、新聞記事などで何かの順位が表されるときによく見かけます。

Tokyo has the largest population, followed by Kanagawa.
「東京は人口が最も多く、それに続くのは神奈川だ」

このように、受動態が使われる理由（主語を言いたくない・主語と目的語の位置を変えたい）を理解すれば、ネイティブが受動態を通して何を言いたいのか、その意図に触れることができるようになるでしょう。

感情動詞
会話を彩る
動詞のしくみ

　第3講のテーマとは少し離れますが、受動態のポイントがわかったところで、関連して「感情を表す動詞(以下、感情動詞と呼びます)」についても解説しておきましょう。

　感情動詞とは、exciteやsurprise、interestといった動詞です。とはいえ、感情表現と聞いてまず浮かぶのは、happyやsad、angryなどの形容詞かもしれません。形容詞は使い方が簡単なため、とくに文法上の注意点はありませんが、感情動詞のほうは使い方を間違えてしまうことがよくあります。

　さらに、いろいろな感情を表現するときに、形容詞だけでは限界があります。**動詞を使うことで、大変豊かな英語表現ができるようになるんです。**

　本書ではたくさんの感情動詞を一気に扱いますが、どれも本当によく使い、すぐに役に立つものばかりです。ちょっとした会話でも重宝しますし、映画を見ていても頻繁に出てきます。

　押さえておくべきポイントは、2つです。1つ目は「**意味の特徴**」です。感情動詞には日本人にはあまり意識さ

れない、ある大きな特徴があります。そしてもう1つは、**分詞の形**、たとえばexcitingとexcitedの決定的な意味の違いを理解することです。

> ### surpriseの意味は「驚く」…?

1つ目から見ていきましょう。感情動詞の意味の特徴とは何でしょうか。

たとえばsurpriseという「動詞」の意味を、正確に答えることができますか。surpriseという言葉自体は日本人の間でも「サプライズパーティ」などといった表現ですっかり定着しています。英語にもa surprise partyという言い方がありますが、このsurpriseは名詞ですね。では動詞の意味はというと、これを「驚く」と答えてしまうミスがすごく多いのです。

surpriseの正確な意味は「驚かせる」です。「驚く」と「驚かせる」では意味がまったく違いますね。ここが重要なところです。**surpriseに代表される感情動詞は、**ほんの一握りの例外はあるものの、**ほぼ「〜させる」という意味を持ちます。**exciteは「ワクワクさせる」、interestは「興味を持たせる」、disappointは「がっかりさせる」、pleaseは「喜ばせる」といった感じです。これが感情動詞の意味の特徴です。

> **point!** 感情動詞は「〜させる」という意味

さて、なぜこんなことが起きるのでしょうか。

日本語では、「ワクワクする」「興味を持つ」「がっかりする」というように、感情表現は「〜させる」よりも「〜する」と言うのが普通です。日本語では、感情のもとになるものは自分の心の中にあるという考え方をします。たとえば一目惚れをしたら、僕たち日本人はその恋心を自分の中から生まれたものだと考えるのが普通です。

ところが英語圏の人は、そういうときに感情を操っている存在がいます。神様です。英米圏には、気持ちは神様が植えつけるという発想があるのです。神様が興味を持たせる、神様が好きにさせる、神様が夢中にさせるというふうに、神が感情を操っているというわけです。そういった価値観が底にある文化なので、「〜させる」という意味になる動詞が日本語よりも圧倒的に多いのです。

感情動詞いろいろ

2つ目のポイントに行く前に、まずは感情動詞を一気にチェックしていきましょう。感情動詞はexcitingと

excitedのように、現在分詞か過去分詞かの判別といった分詞の項目で軽く説明されるだけの扱いなので、まとめてチェックする機会はまずありません。ぜひここで一度、重要な感情動詞を一気に眺めてみましょう。

1 「ワクワク」系
amuse 楽しませる
excite ワクワクさせる
please 喜ばせる
relieve 安心させる
interest 興味を持たせる
thrill ワクワクさせる
satisfy 満足させる
relax リラックスさせる

この中で勘違いが多いのがthrillです。「スリル」というと、日本語ではホラー映画やジェットコースターなどの怖いもの、ハラハラするときに使われますが、英語のthrillは「超excite」というイメージです。ものすごくテンションが上がったときに、I'm thrilled.（ものすごくワクワクしています）といったように使われます。thrillを正しく使えるとなかなかの上級者です。

2 「感動」系
move 感動させる
impress 印象を与える
touch 感動させる
strike 印象を与える

moveは「心を動かす」、touchは「心に触れる」とい

うイメージです。strikeの原義は「打つ」で、そこから「人の心を打つ」となりました。野球のストライクゾーンは本来「打てるゾーン」ということです。

> **3「魅了」系**
> attract 魅了する・興味を引く　　fascinate 魅了する
> enchant 魅了する　　　　　　　　charm 魅了する

attractは「～に向かって（at）人の気持ちを引っ張る（tract）」から、「魅了する・興味を引く」という意味です。

それ以外の動詞は難しい単語が並んでいます。enchantは「人の心の中に（en）呪文をかける（chant）」から「（魔法にかけて）魅了する」という意味です。en（中に）は、enjoy「中に喜びを見出す」→「楽しむ」で使われています。また、chant（呪文）は「ペチャクチャと（よくわからない）呪文を唱える」ということです。chant（チャーント）の音と「ペチャクチャ」の音に似た部分があるのは偶然ではないでしょう。

charmも「ペチャクチャと呪文を唱える」です。アイドルなどが言う「チャームポイント」は、言ってみれば相手を魅了するポイントのことです。おまじない（つまり呪文）をかけたアクセサリーを「チャーム」と呼ぶのもこのcharmのことです。

第3講　形からニュアンスがつかめる

4 「驚き」系
surprise 驚かせる　　　　amaze 驚かせる
astonish 驚かせる

amaze は That's amazing!「それはすごい!」というふうに、会話でよく使われます。

5 「疲労」系
bore 退屈させる　　　　tire 疲れさせる
exhaust 疲れさせる

exhaust は「外に (ex) にエネルギーを出す」から、「どっと疲れさせる」となります。バイクの排気管のことをエギゾーストと言います。排気ガスを「外に出すもの」という意味です。

6 「失望」系
embarrass 恥ずかしい思いをさせる
confuse 混乱させる　　　depress がっかりさせる
disappoint がっかりさせる
discourage がっかりさせる disgust うんざりさせる

embarrass は顔が赤くなるような場面で、「恥ずかし

っ！」という感じで使います。人前でやたら褒められたり、袖にご飯粒がついていたりするときなどの恥ずかしさに使われます。

> **7**「怒り・狼狽」系
> annoy イライラさせる　　　irritate イライラさせる
> offend 不快にさせる・怒らせる
> upset 狼狽させる・むしゃくしゃさせる
> shock ショックを与える

　offendは「攻撃する」と思われていますが、辞書にその意味は載っていません。offendはちょっかいを出してくるようなイメージです。何かとちょっかいを出してきて不快にさせる行為で、それが度を超せば「怒らせる」となるわけです。

　upsetは難しいと思われていますが、実際はよく見かける単語です。本来は「(セットしたものを上げて)ひっくり返す」という意味で、「平穏な心をひっくり返す」から「狼狽させる・むしゃくしゃさせる」となります。焦り（狼狽させる）と苛立ち（むしゃくしゃさせる）の2つの意味があります。

第3講　形からニュアンスがつかめる

> **8 「恐怖」系**
> scare 怖がらせる　　　　frighten 怖がらせる
> terrify 怖がらせる　　　horrify 怖がらせる

terrifyは「テロ」から、horrifyは「ホラー」から意味が予想できるでしょう。

> **[例外] 自動詞「〜する」**
> marvel 驚く　　　　　　fear 怖がる
> delight 喜ぶ・喜ばせる*　bother 悩む・悩ませる*

先に述べたわずかな例外(「〜させる」ではなく「〜する」という意味になる動詞)が以上のものです。無理して使う必要はないので、「〜させる」型の動詞をしっかり頭に入れて、これらの動詞が使われているのを見たら、「ああ、そんなのもあったな」くらいで十分でしょう。

＊delightとbotherは原則通り「〜させる」という意味もあります。

exciting と excited はぜんぜん違う!

2つ目のポイントにいきましょう。

感情動詞で大切なのは、現在分詞(-ing)と過去分詞(p.p.)の判別です。なぜ大切なのかというと、意味が

180度異なるからです。次の文を見てみてください。

① Masato is exciting.
② Masato is excited.

①は「マサトは（周りの人を）ワクワクさせるような人だ」という意味です。excite（ワクワクさせる）に-ingがついただけで、意味においては大きな変化は起きません。

一方の②は「マサトはワクワクしている」という意味です。exciteを受動態にすることで、「ワクワクさせられている」、つまり「ワクワクしている」になるのです。

①のマサトは魅力的で、周りの人をワクワクさせるカリスマ性があります。②はマサト自身がワクワクしています。

このように、-ingとp.p.の判別は「**その気持ちにさせる**」なら-ingで、その気持ちにさせられる、つまり「**その気持ちになる**」のならp.p.です。

感情動詞の「-ingとp.p.の判別」

1「気持ちにさせる」→ -ing（現在分詞）
2「気持ちになる」→ p.p.（過去分詞）

> **安易な方法に飛びつかない**

　この判別に関しては、「主語が人ならp.p.で、物なら-ingにする」という教え方が横行しています（僕の経験から言うと、高校生の7割以上はそう思い込んでいます）。

　しかし、たった今Masato is exciting. といった文を扱ったように、人が主語の文でも-ingがくる例はたくさんあります。

　ご紹介した判別方法は、最初は少し面倒に思うかもしれませんが、慣れてしまえば一瞬でできるようになりますので、「気持ちにさせる → -ing」「気持ちになる → p.p.」と考えるようにしてください。

第3講のまとめ

仮定法 ▶ 仮定法とは話が「妄想」であることを明確に示すためのルール。その目印はifではなく、助動詞の過去形。

Point!
仮定法かどうかを判断するには、助動詞の過去形に注目。ifが消えるパターンは「if省略による倒置」「if節が別の言葉で代用される」「if節が完全に消滅」の3つだけ。

助動詞 ▶ 助動詞が加える意味は、話し手の気持ち。

Point!
- willは「必ず〜する」という強い意志がこもる。
- canは「いつでも起きる」。
- mayはイエスともノーとも言えない「50%」の気持ちを表す。mightは「もしかしたら+may」(50%よりも下がる)。
- mustとは「それしかない!」という強い気持ちを表す。
- shallは「運命・神の意志」のニュアンス。shouldはそのshallが過去形になることで仮定法のニュアンスが含まれ、「(本来ならば)〜して当然」という意味合いに。

受動態 ▶ 受動態が使われる理由は「主語を言いたくないから」「主語と目的語の位置を変えたいから」の2つ。

Point!
- 主語を言いたくない場合は、①主語が明らか、②主語をあえて隠したい、③主語が不明の3パターン。基本的にby以下を伴わない。
- 主語と目的語の位置を変えたい場合は、①主語を出し惜しみして強調したい、②目的語を前に出したい、の2パターン。by以下を伴う。

感情動詞 ▶ 感情を表す動詞、「ワクワク・感動・魅了・驚き・疲労・失望・怒り・恐怖」系の8つをチェック。

Point!
感情動詞は「〜させる」という意味。感情動詞の現在分詞 (-ing) と過去分詞 (p.p.) の区別は、「気持ちにさせる」ときには-ing、「気持ちになる」ときにはp.p.と判別する。

第 4 講

スムーズに
読みこなす

Q 次の文を"返り読みせずに"意味をとってみてください。

She is a liar. I'm not so stupid that I believe what she says.

英語は言葉のしくみが日本語とは根本的に異なるため、複雑な文を読むには「コツ」が必要です。本講で扱う分詞構文、関係詞などは、苦手な人、苦手だったという人が多い文法ですが、必要最小限のポイントをつかめば、英文をスムーズに読むための技術として、今からすぐに、いつでも使えます。英語の"森"へ身軽に分け入るための、最後のツールを紹介します。

比較級

秒速でわかる！クジラの構文

「クジラの構文」を覚えているでしょうか。この呼称はおそらく何十年も前からあり、"no 比較級 than ..."の構文を、クジラを使った例文で紹介することからそう呼ばれています。次の例文に見覚えがある方は多いでしょう。

A whale is no more a fish than a horse is.
「クジラが魚ではないのは、馬が魚ではないのと同じである」

果たしてこの文は何を意図しているのか。高校生のころ、わかったような、わからないような中途半端な理解をしたまま、構文を和訳ごと呪文のように丸暗記してしまったのではないでしょうか。

この構文は英語学習の悪しき風習のように扱われることが多く、まるで古びた英語のように言われることもありますが、それなりにレベルの高い英文や学術論文の中などで目にすることは珍しくありません。きちんと理解できれば、英語を読む際にすごく役に立ちます。

そこで、このクジラの構文を完璧に理解でき、かつス

ムーズに読めるようになる「ある法則」を紹介します。

> **矢印2つ、それだけ**

　まず前提として、クジラの構文の中で使われているnoという言葉の意味について解説しておきましょう。

　noというのは、notと違って「強い否定」です。notは「〜ではない」と除外するだけですが、noは「〜なんてとんでもない（むしろその逆だ）」というニュアンスが伴います。

　これをもとに、クジラの構文の法則を見ていきましょう。あまりにもあっさりしているので拍子抜けしてしまうかもしれません。

　これから no 比較級 than ... の形を見たら、**noから①比較級と、②than ... に、それぞれ矢印を向けるようにしてください。**

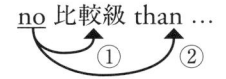

no 比較級 than ...
　①　　　②

His proposal is no better than hers. という例文で確認してみましょう。

　まず①の矢印、no 比較級の部分は先ほど説明した通り「まったく〜ではない（むしろその逆だ）」という強い否定になります。

第4講　スムーズに読みこなす　171

His proposal is [no] better than hers.
　　　　　　　　　↑＿＿↑
　　　　　　　　　① 「まったく良くない」

次に②のnoからthan ... に向く矢印です。ここで大事なのは「…と同じくらい」という意味になることです。本来than ... は「〜より」という「差」を表します。それをnoで打ち消すわけですから、差がない、つまり「…と同じくらい」を意味するわけです。

His proposal is [no] better than hers.
　　　　　　　　　　　　　　＿＿＿↑
　　　　　　　　　　② 「彼女の提案と同じくらい」

「(彼の提案は)彼女の提案と同じくらい」となり、英文全体の意味は「彼の提案は、彼女の提案と同じくらいひどい」となります。

矢印2つはメリットだらけ

この法則はどんなに難しい文にも対応するだけでなく、良い点が3つもあります。

① 返り読みせずに、リズムよく読んでいける
矢印1つ目、2つ目……とすることで、英文を前から

（左から右に）読むことが可能になり、than ... から返り読みする必要がありません。

② "no 比較級"の意味がはっきりわかる

先ほどの no better という表現も、「良くない」なんてあいまいに解釈するのではなく、はっきり「ひどい」と解釈できます。

③ 英文の主張が明確にわかる

この構文では、まず①の部分で（感情たっぷりな）主張がきます。その後に②で誰にでもわかる具体例がきます。

「彼の提案、ひどいよ。彼女のと同じくらい」
　　　①　　　　　　　　　②

この文は「彼女の提案はひどい」という情報が前もって共有されており、それを踏まえて「彼の提案はひどい」と言うわけですから、言わんとするのは「彼の提案はひどいよ。そのひどさたるや、君も知っている彼女の提案と同じくらい」ということです。

> **クジラが魚じゃない度合**

先に挙げたあの有名な英文にもケリをつけてしまいま

しょう。あの文、何を言いたいのでしょうか。

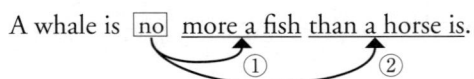

A whale is |no| more a fish than a horse is.
　　　　　　　　↑　　　　　　↑
　　　　　　　　①　　　　　　②

①no more a fishは「まったく魚ではない」となります。ただ、魚に逆は存在しませんから「まったく魚ではない（むしろ魚とは対極の存在）」としておきましょう。②no 〜 than a horse isは「馬と同じくらい」で問題ありませんね。

そう、この文は「クジラは決して魚ではない。その魚ではない度合は馬と同じくらいだ」という意味です。つまり、クジラを魚類と考えるのは馬を魚類と考えることに等しい、そのくらいクジラと魚は生物としてかけ離れている、ということです。誰にでもわかる例として馬を持ち出して、クジラは魚ではないという主張をサポートしているわけですね。

no less は「超」

ここまでは比較級moreで説明しましたが、逆のlessでも同じことです。

Money is no less important than one's life.

今までと同じように矢印を2つ向けます。

Money is no less important than one's life.
　　　　　　　①　　　　　　　　②

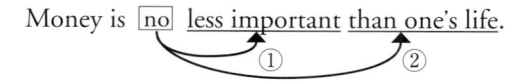

①の no less important は「お金は大切ではないということは絶対にない」という二重否定になっており、「すごく大切」という意味になります。ここではもっと簡潔に、no less を「**超**」としましょう。

no less important
　超　　大切

② no ... than one's life（人の命と同じくらい）と併せると、「お金は超大切。命と同じだよ」という意味になることが一瞬でわかります。

この文の話し手は「お金は大切」と言うだけでは周りから「そりゃそうだ」と言われてしまいかねないので、「いやいや、命と同じくらいに」とまで言って、お金の大切さを強調しているわけです。

> **まぎらわしい熟語も一気に氷解**

クジラの構文、no more than や no less than という表現に関連して、これと混同しがちな表現があるのをご存じでしょうか。見比べるとわかりやすいので、並べてみましょう。3と4がそのまぎらわしい熟語です。

> **1** no more than ... 「〜しか」
> **2** no less than ... 「〜も（多くの）」
> **3** not more than ... 「多くとも〜」
> **4** not less than ... 「少なくとも〜」

　覚えづらい表現は数あれども、その中でもトップクラスのややこしさです。しかし、先ほどお話ししたnoとnotの違いを踏まえれば、この2つの熟語もあっという間にわかります。

　noとは強烈な否定でしたね。たとえばHe is no poor. という文は、彼がお金持ちであることまで含みを持った表現です。一方notとは「除外」です。なのでHe is not poor. と言えば、単にpoorだという可能性を除外したにすぎません。お金持ちの可能性もあるし、普通かもしれません。

　これをもとにすると、not more than と not less than は、notを普通に訳すだけで理解できます（矢印を向けてはいけませんよ）。たとえば、

The boy has not more than $10.
「少年は多くとも10ドルしか持っていない」

という文は、後ろのmore than $10（10ドルより多い）という意味をnotで打ち消しているので、10ドルより多

い範囲を除いた図の濃いグレーのゾーンのことです。

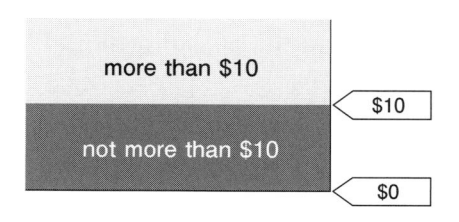

```
┌─────────────────────────┐
│      more than $10      │
├─────────────────────────┤ ◁ $10
│    not more than $10    │
│                         │
└─────────────────────────┘ ◁ $0
```

　つまり、not more than $10 とは「10ドル以下ならいくらでもOKだけど、10ドルを超えることはない」ということです。そこから、not more than $10 は「多くとも10ドル」になるわけです。
not less than ...（少なくとも〜）も同様です。

The boy has not less than $10.
「少年は少なくとも10ドル持っている」

　less than $10（10ドルより少ない）を not で除外するわけです。10ドルを下回ることはないということから、「少なくとも10ドル」になるわけです。

```
┌─────────────────────────┐
│    not less than $10    │
│                         │
├─────────────────────────┤ ◁ $10
│      less than $10      │
└─────────────────────────┘ ◁ $0
```

第4講　スムーズに読みこなす

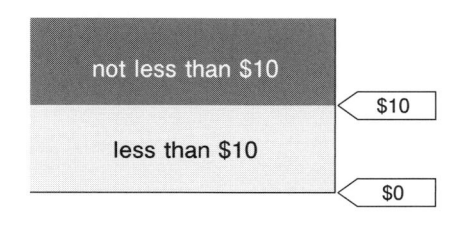

> **noはピンポイント、notには幅がある**

　逆にこれを、He has no more than $10. や He has no less than $10. とするとどうでしょう。矢印2つで考えてみると、このとき、少年が持っているのはぴったり10ドルだということがわかります。noを使った熟語はピンポイントで値を示せるのです。

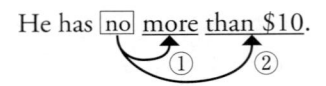

He has no more than $10.
　　　　①　　②

<u>彼はすごく少ない金額しか持っていない。</u> <u>イコール</u>
　　　　　　①　　　　　　　　　　　　　　　②
<u>10ドル</u>」
→「彼は10ドルしか持っていない」

　ところがnotは可能性を除外するだけですから、ずばりいくら持っているかははっきりしません。「多くとも10ドル」「少なくとも10ドル」と幅があるわけです。
　これがnoとnotの決定的な違いです。notの除外という性質が、not more than（多くとも）、not less than（少なくとも）という表現にも表れているのです。

ネイティブも混同する!?

 ただし、最後にちょっとやっかいなことをお伝えしなければなりません。
 TOEICテストの英文などでは、矢印2つで解決するはずのno more thanが、文脈上どう考えても「多くとも」という意味で使われているケースに出くわすことがあります。

The task will take no more than 5 minutes. I'm sure you can do it in 2 or 3 minutes.
「その仕事は（最大で）5分しかかからない。たぶん君なら2、3分でできるよ」

 この文、no more than 5 minutesの本当の意味はピンポイントで「5分」です。ところが文脈上、ここではちょうど5分では通らず、「かかっても5分」と解釈しなければなりません。noが使われているにもかかわらず、です。
 実は、ここで説明した4つの表現はネイティブでも混同することがあるのです。その結果、no more than が not more than の意味でも使われ、それがTOEICテストによく出るのです。ちなみにこれはno less than など、他の"no 比較級 than ..."の表現 にも当てはまります。

第4講 スムーズに読みこなす 179

ですので、念のため以下をチェックしておいてください。

	「〜しか」	「多くとも〜」
no more than	◎	× → ○
not more than	×	◎

※ ◎は本来の用法／×→○は誤用だけど使われるようになった用法（TOEICテスト頻出）

be to構文
5つの訳語を
ひとまとめに

　不定詞を使った表現で、「be to構文」というものを覚えているでしょうか。be to構文とは、be動詞とto不定詞がくっついて、1つの助動詞のような働きをする用法です。

They are to be married.

　こういう文です。大学入試の問題で頻出するので、なんとなく覚えている方もいるでしょう。このbe to構文は、5つの意味とともによく説明されます。

> 📖 教科書的な説明
> **be to ～の5つの意味**
> ❶ 予定「～する予定」
> ❷ 意図「～するつもり」
> ❸ 義務「～しなくてはいけない」
> ❹ 可能「～できる」
> ❺ 運命「～する運命だ」

第4講　スムーズに読みこなす　181

先ほどの例文であれば、「あの2人は結婚する予定だ」と解釈できそうです。

　しかしこれ、この5つの意味を丸暗記して、訳すときに1つ1つ意味を当てはめたりしていると、文を読むときに効率が悪いですよね。このbe to構文、スムーズに読むにはどうすればいいでしょうか。

5つの意味を貫くポイント

　手がかりは不定詞toです。不定詞には「未来志向」という特徴があります。つまり、**未来に向かって「これから〜する」というニュアンスを含む**ということです。たとえば、want to 〜 を厳密に解釈すれば「これから〜することを望む」ということです。

　これをもとにしてbe toを直訳すると「これから〜する状態だ」であり、言い換えれば「**これから〜することになっている**」ということです。これで「予定」「意図」「義務」「可能」「運命」の5つの意味をすべてカバーできます。

"be to"はこうして覚える！

be to構文の"be to"は「これから〜することになっている」という意味

先ほどの英文で確認してみましょう。

They are to be married.
「2人は結婚することになっている」

　主語の2人は結婚する予定であり、結婚の意図があり、義務であり可能で、もはや運命ということなのです。意味を5つに切り分けると、予定が最もふさわしそうに見えますが、本当は5つの意味が絡み合っていると考えたほうが自然です。
　あるいは、5つの意味は互いに重複した部分を持っているとも言えるかもしれません。「結婚しなきゃいけない」という文は一見義務に見えますが、神様が定めた義務だとロマンチックに解釈すれば、それは運命ですよね。

細かい訳語は必要なときだけ

　今後はbe toの形を見たら、まずは「～することになっている」と考えてみてください。ほとんどの場合はこれだけで十分だと実感できるはずです。
　ではあの5つの意味は役に立たないのかというと、そんなこともありません。文脈によって5つの意味のうちいずれかの意味を前面に押し出したほうがよりしっくりくる場合もあるわけで、そういうときに頭の中に5つの

選択肢があれば、より緻密な日本語訳を作れます。

参考程度ですが、以下に載せておきます。

※印の「この訳語になるときの傾向・ヒント」も合わせてチェックしてください。

📖 "be to ～ "の細かい識別

1 予定「～する予定」
※未来を示す語句と一緒に使われる

We are to visit his office at two.
「我々は2時に彼のオフィスを訪問する予定です」

2 意図「～するつもり」
※if節の中で使われる

If you are to study abroad, you need to study English harder.
「留学するつもりなら、もっと一生懸命英語を勉強する必要があるよ」

3 義務「～しなくてはいけない」
※とても強い命令を示す

The students are to attend the ceremony.
「学生はその式に参加しなければならない」

4 可能「～できる」
※受動態の形(be to be p.p.)で使われる。通常は否定文

No stars were to be seen in the sky.
「空には星がひとつも見えなかった」

5 運命「～する運命だ」
※過去形で使われる

He was never to return home again.
「彼は二度と家に戻れない運命だった」

順番としては、この5つの訳し方から入るのではなく、toの特徴を踏まえて「これから〜することになっている」と考え、その先に5つの訳し方があるという流れで覚えましょう。

新聞記事にも出てくる be to

　be to 構文は大学入試の問題でよく出るせいか、昔からいかにも受験英語的だと批判されることが多いのですが、実際にはいろいろな場面で出てきます。
　よく目にするのは英字新聞の見出しです。

President to visit China next year
「大統領、来年に訪中」

　新聞の見出しは語数を少なくして見やすくするために、theやbe動詞などが省略されます。省略を補うと、(The) President (is) to visit China next year. で、be to の存在が浮かび上がります。直訳すると「大統領は来年中国を訪問することになっている」ですね。あえて5つの分類に従うと、「（中国を訪問の）予定」とするのが一番しっくりきますが、「訪中することになっている」で十分です。
　また、日常耳にするような文でも使われることがあります。

第4講　スムーズに読みこなす

All new employees are to meet at the cafeteria at three.

「全新入社員は3時にカフェテリアに集合のこと」

「全新入社員は3時にカフェテリアに集合することになっている」ということです。詳しく見れば、予定や義務で意味をとればよいだけです。

be to構文は英語に触れている以上、さまざまな場面で出てきます。「〜することになっている」という核心を、そのつど確かめてみてください。

so 〜 that構文
ネイティブ感覚で読む技法

　中学英語の頻出事項に「so 〜 that構文」と呼ばれるものがあります。中学校ではso 〜 that ... という形で「とても〜なので…だ」と訳すと教わります。

My boss is so kind that he is liked by everybody.
「私の上司はとても優しいので、皆に好かれている」

　この構文、取り立てて難しいことなどないように思われていますが、実際そううまくはいきません。次の文はこの第4講の冒頭でクイズとして載せたものですが、正確に訳すことができますか。できれば紙に和訳を書いてみることをお勧めします。

She is a liar. I'm not so stupid that I believe what she says.

　いかがでしょうか。
　安易にso 〜 that構文の訳し方（「とても〜なので…だ」）を当てはめるだけだと、2文目の前半と後半の内

容が食い違ってしまいます。よくあるのは「あまりバカじゃないので、彼女の言うことを信じる」と訳すミスです。前半を「あまりバカじゃない」と考えると、「(嘘つきの)彼女の言うことを信じる」という後半部分と矛盾してしまいます。

このように、否定文には中学校で学ぶso 〜 that構文の訳し方の公式が当てはまらないのです。

さらに、実際の英文ではsoとthatが離れているケースが多く、構文に気づきにくいという問題もあります。そういったときは決まって「so 〜 that構文に気づけたかどうかがポイント」と言われるだけで、肝心の気づき方は教えてもらえません。

従来の2つの訳し方

そこで、否定文でも自然に解釈できるso 〜 that構文の読み方と、その気づき方を解説します。その前提として、学校ではどう習ったかをもう少し詳しく触れておきましょう。

先ほどso 〜 that構文は「とても〜なので…だ」と訳すと話しましたが、高校になると「so 〜 that … には『結果』と『程度』の2つの訳し方がある」と、後出しジャンケンのように教わります。前者は「とても〜なので(その結果)… だ」で、後者は「…なくらい〜だ」という訳です。こちらは後ろから訳します。

> 📖 教科書的な説明
> **so ～ that ... の2つの訳し方**
> ❶ 結果「とても～なので(その結果) … だ」
>   ※前から訳す
> ❷ 程度「…なくらい～だ」
>   ※後ろから訳す

これは次のように、大抵どちらでも意味がとれます。

She got so angry at me that she never spoke to me again.
　結果の訳 彼女は私にとても怒ってしまったので、二度と口をきいてくれなかった。
　程度の訳 二度と口をきいてくれないほど、彼女は私に怒った。

しかしそれがうまくいかないときがあって、その典型がさっきのような否定文のときです。そこで「程度」の訳の出番です。

She is a liar. I'm not so stupid that I believe what she says.

「彼女は嘘つきだ。彼女が言うことを信じるほど僕はバカじゃないよ」

下線部のthat以下から訳すわけです。すると自然な和訳ができあがります。この文は結局「嘘つきな彼女の言うことは信じない。僕はバカじゃないから」ということを伝えたかったわけです。

　しかし、2つの訳を覚え、否定文のときには「程度」の訳を使う、と覚えておくのはちょっと面倒ですね。もっと直感的に意味を理解したいところです。

soという語をガッチリつかむ

　ヒントはsoという単語にあります。皆さんはsoを「とても」という意味で教わったのではないでしょうか。それは一旦忘れてください。**soは「とても」ではなく、「それほど」という意味なのです。**

　次に、so 〜 that構文の中に使われるthatは「程度（〜なほど）」という概念を表しています。そこから考えると、**so 〜 that構文とは「それほど〜だ。どれほどかというと、…なほど」と理解すればよいわけです。**

---

so 〜 that構文はこう覚える！

1. soは「それほど」という意味
2. そこからso 〜 that ... を「それほど〜だ。どれほどかというと、…なほど」と考える

冒頭のMy boss is so kind that he is liked by everybody. という文を再度見直してみましょう。

My boss is so kind 〜
「ウチの上司はそれほど優しいです」

こう言われたら何を思いますか。「それほどってどれほど?」とツッコミを入れたくなりますよね。この「どれほど?」を説明するのがthat以下です。

My boss is so kind → that he is liked by everybody.
「それほど優しい」→「どれほどかというと、皆に好かれるほど」

so =「それほど」と思っていれば、「(それほどって)どれほど?」というツッコミが頭の中に残ります。ネイティブはこの感覚を持っているので、soとthatが離れていても、soを聞いた時点でthatの存在に気づくというわけなのです。

否定文でも使える!

この考え方、核心というからには否定文のときでも当然使えます。もう一度187ページの2つ目の例文を見てみましょう。

She is a liar. I'm not so stupid that I believe what she says.

I'm not so stupidの部分はsoの「それほど」という意味を意識して、「私はそれほどバカではない」となります。「それほどって、どれほど?」というツッコミに、that以下が答えてくれるわけです。that I believe what she saysは「(どれほどかというと)彼女の言うことを信じるほど」となります。

I'm not so stupid → that I believe what she says.
「私はそれほどバカではない」→「彼女の言うことを信じるほど」

当たり前ですが、ネイティブの頭の中では2つの意味を当てはめるとか、否定文だから訳し方を変えるといった発想はありません(それはあくまで日本人の研究者が便宜的に決めたものです)。

soにこもるニュアンス

soの「それほど」という考え方は、この構文以外でも使えます。たとえば、thatとペアにならずに単独でsoが出てきたときです。

I'm so happy.

この文を「私はとても幸せ」と考えても意味はわかります。しかし実際は、次のように考えるべきです。

I'm so happy.
「私はそれほど幸せなんです」

この場合「それほど」がどれほどなのかは、前後の文脈や話者の態度からわかるようになっています。
もっとわかりやすいのは、この単独のsoが疑問文で使われているときです。次のような例では、言わんとすることがより鮮明にわかるのではないでしょうか。

What are you so happy about?
「何がそんなにうれしいの?」

soの本質を頭に入れておくことで、どんなに複雑なso 〜 that構文にも気づくことができ、スムーズに、かつ正確に理解できるようになるのです。

分詞構文
考え方は、とことん「適当」

　ネーミングが意味不明なせいか、分詞構文はとにかく敬遠されがちです。それに追い打ちをかけるように、「普段はあまり使うべきではない」とまで言われることもありますが、それは間違いです。会話の中で使われることはあまりないですが、書き言葉では珍しくなく、英字新聞の記事でもたった数行の記事の中にいくつも分詞構文が使われるケースはよくあります。

　以下は『Asahi Weekly』（2015年2月1日号）の一面記事で、歌手のMay J. さんに関する英文です。

Raised in Japan, May J. said she picked up English watching Disney films.
「日本で育ったMay J. さんが言うには、ディズニー映画で英語を習得したとのことだ」

　たったこの1文の中に、Raised in Japanとwatching Disney filmsという分詞構文が2つ使われています。前半はraisedという過去分詞による分詞構文、後半はwatchingという現在分詞による分詞構文です。

> **分詞構文のしくみ**

　というわけで、まずは「分詞構文って何なの?」という状態から抜け出しましょう。
　英語の世界で、1つの文にもう1つ文を足したいときには接続詞を使います。一例として、She felt tired. と She went to bed early. という2つの文をbecauseを使ってつなげてみましょう。

Because she felt tired, she went to bed early.
「彼女は疲れていたので、早く寝た」

　ここで、メインの文 (she went to bed early.) は主節、接続詞を使ってくっつけた文 (Because she felt tired,) はサブ扱いということで従属節と呼ばれます。
　この文は、接続詞becauseのおかげで2つの文の因果関係がはっきりしています。これに対し、この接続詞を使わないで文を「軽く」するのが分詞構文です。
　分詞構文を使った文にするルールは、**「接続詞をカットしてOK、従属節の主語も（主節と同じなら）カットしてOK、でもその代わりに動詞を分詞（-ing）に変えましょう」**というものです。

Because she ⌊felt⌋ tired, she went to bed early.
　　↓
~~Because she~~ ⌊Feeling⌋ tired, she went to bed early.

この場合、文が受動態のときだけは注意が必要です。受動態のときもルールにのっとってbe動詞をbeingに変えますが、このbeingは省略されるのが普通です。過去分詞から文が始まっても、分詞構文だということは明白だからです。

Because it is ⌊written⌋ in simple English, this book is good for high school students.
　　↓
~~Because it~~ (being) ⌊Written⌋ in simple English, this book is good for high school students.
「簡単な英語で書かれているので、この本は高校生に向いている」

身も蓋もない構文の本質

先ほど見たように、接続詞を用いたときには、接続詞の意味がそのまま2つの文の関係を示していました。しかし、分詞構文にはそれがありません。では、分詞構文にすることでつながった2つの文の関係はどう読めばいいでしょうか。

学校では分詞構文の訳し方として、こう習います。

> 📖 教科書的な説明
> **分詞構文のいろいろな訳し方**
>
> **1 時「〜するとき」**
> Seeing a policeman, he ran away.
> 「彼は警官を見たときに、逃げた」
>
> **2 原因・理由「〜なので」**
> Having much to do, she felt uneasy.
> 「やることがたくさんあるので、彼女は不安がっていた」
>
> **3 条件「もし〜すれば」**
> Turning to the right, you will find the store.
> 「もし右に曲がれば、その店が見つかるよ」
>
> **4 譲歩「〜だけれども」**
> Granting what you said, I won't approve of your plan.
> 「君の言うことはわかるけれども、君の計画は認められない」
>
> **5 付帯状況**
> (a)「〜して、そして…」
> A man came up to her, asking her to dance.
> 「ある男性が彼女のもとへ来て、ダンスをしようと誘った」
>
> (b)「〜しながら」
> The girl sat on the bench, looking at the moon.
> 「その女の子は、月を見ながらベンチに座っていた」

1つ1つに関連がなく、覚えるのが大変です。しかしこの、「それぞれが独立していて意味的に近くない」ということが実はヒントなんです。これを逆手に取ると、そ

の場その場で文の関係を「考えればわかる」という身も蓋もない結論が出ます。つまり、厳密に文の関係を読み込まずとも、**「適当に文をつないだもの」**が**分詞構文**であり、それが本質なのです(ここで言う適当とは、「適切、ほどよい」という意味です)。

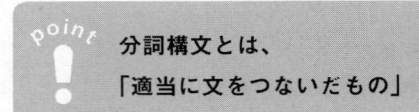

> **point!**
> 分詞構文とは、
> 「適当に文をつないだもの」

ネイティブが分詞構文を使うとき、そこに「時」とか「原因」とか、2つの文の関係性をはっきりと示したいという意図はありません。

もし相手に文と文の関係性を誤解なく伝えたい、強調したいときには、接続詞のwhenやbecauseなどを使います。あえて接続詞を消して分詞構文を使うというのは、言ってみれば「そこまで文の関係にこだわんないでくれよ」というメッセージなのです。

余談ですが、学校で分詞構文を習ったときに、分詞構文を使った英文を見て「どの接続詞が消されたのかを復元する」という作業をやった記憶がある方もいるかもしれません。分詞構文が使われている文を見て、もともとあったのがbecauseなのかwhenなのか、といったことを考えるというものです。僕自身も高校時代にやった記憶がありますが、分詞構文の本質を考えると、これは本

当にどうでもいい作業です。

> **文脈を読み込む**

では、先に挙げた2つの例文で確認してみましょう。

Seeing a policeman, he ran away.

Seeing a policeman（警官を見る）という部分が、後ろのhe ran away.の部分に「適当に」意味を添えます。「警官を見て」でも「見たとき」でも「見たので」でも、文脈に応じてどう考えてもかまいません。というより、こだわる必要がありません。単に「警官を見た→逃げた」ということを伝えるのがこの文の役目だからです。

もう1つ見てみましょう。

Granting what you said, I won't approve of your plan.

Granting what you said（君が言ったことは認める）と、I won't approve of your plan.（私は君の計画を認めない）は、どうやら逆接の関係にありそうです。そう考えて、「君が言ったことは認める<u>けれども</u>、君の計画は認められない」と考えればいいだけです。

日本語でも、たとえば「家に帰ってテレビ見たんだ」と言ったとき、「その『帰って』の『て』って『時』、そ

第4講　スムーズに読みこなす　199

れとも『理由』、どっちの意味?」と聞かれたら、「いや、そういうことじゃなくて…」と思いますよね。「『帰宅→テレビ』の流れを言いたいだけなんだけど」というのが本音です。発想はこれと同じです。

後ろにきたら「そして」か「しながら」

これだけで困ることはないですが、少し細かい使い分けも確認しておきます。分詞構文がより鮮明に感じられるようになるので、もう少しだけお付き合いください。

分詞構文は接続詞の働きを含む以上、文頭・文中・文末のどこにあっても OK です。

分詞構文の置かれる位置

1 **文頭**　　-ing 〜 , S V
2 **文中**　　S, -ing 〜 , V
3 **文末**　　S V, -ing 〜

この置かれる位置で訳し方が変わります。

文頭・文中にある場合は、先ほど解説した通り、そのつど文脈で判断していきます。主節に入る前に、その主節の「前提」に軽く触れる感じで使われるわけです。

Turning to the right, you will find the store.
「もし右に曲がれば、その店が見つかるよ」

　一方、分詞構文が後ろにきた場合は意味が絞られます。このときは「そして」か「〜しながら」という訳が自然です。英文で確認してみましょう。

A man came up to her, asking her to dance.
「ある男性が彼女に近づいて、<u>そして</u>踊ろうと誘った」

　この場合、「そして」と前から訳し下しましたが、「〜しながら」という意味で「踊ろうと誘いながら」という解釈も成り立ちます。次の文はそのパターンです。

The girl sat on the bench, looking at the moon.
「その少女は、月を<u>見ながら</u>ベンチに座っていた」

　こちらも「座って、そして月を見た」という解釈も成り立ちます。最終的には文脈次第ですが、いずれにせよ「そして」か「〜しながら」という意味で解釈できます。主節に対して軽く補足説明をする感覚です。
　細かく知っておきたい人は、頭に入れておきましょう。

関係詞
返り読みしない
テクニック

　関係代名詞や関係副詞などを、まとめて「関係詞」と言います。関係詞は分詞構文と同じく、敬遠されがちな単元です。小難しいイメージがつきまとうからでしょう。

　でも、関係詞は英語をマスターするうえで欠かせない超重要な文法事項です。大学入試の問題でも、近年は関係詞に関する問題が激増しています。また、入試の素材として使われるような論文やエッセイだけでなく、英英辞典での語句説明などでもよく使われています。あるいは書き言葉にとどまらず、会話の中でも頻繁に使われ、映画や洋楽の歌詞にも頻出します。

　あらゆる場面で関係詞が出てくるということは、ネイティブにとってそれだけ関係詞の使い勝手が良いということでしょう。しかも、英語が苦手な人にとっては嬉しいことに、関係詞はとても理論的な分野です。すなわち、センスのようなものは一切必要なく、きちんと考えさえすれば誰にでもマスターできるのです。

関係詞の「つかみどころ」

　そのためには、正しい初めの一歩を踏み直す必要があります。そこで、関係詞を体得するためにまず必要な「マクロの視点」と「ミクロの視点」という2つの視点と、ミクロの視点の前提となる「自動詞と他動詞の判別の仕方」について解説していきます。

　まずはマクロの視点について説明します。
　これは「関係詞は何節を作るか」という視点です。皆さんはこの問いに答えられますか。そもそもこの質問自体、何を言っているのかわかりにくい、と思われてしまうかもしれません。
　というのは、関係詞は、関係代名詞なら「接続詞と代名詞の働きを兼ねる」、関係副詞なら「接続詞と副詞の働きを兼ねる」という説明がほとんどだからです。これ自体は間違いではありません。しかし、関係詞はとかく「何節を作るか」という重要な視点が欠落しがちです。
　関係詞は「形容詞節」を作ります。 まずはこれをしっかり頭に入れてください。

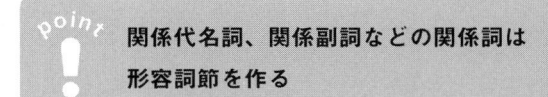

> **point !**
> **関係代名詞、関係副詞などの関係詞は形容詞節を作る**

　基本的なことですが、形容詞には名詞を修飾する働き

があります。「節」とは簡単に言えば「カタマリ」のことですから、関係詞が形容詞節を作るというのは、形容詞のカタマリを作って、そのカタマリが名詞を修飾するということです。

1つお断りしておくと、中には形容詞節を作らない特殊な関係詞もあります（たとえば関係代名詞whatは名詞節を作ります）が、それはこの本では割愛します。**まずは圧倒的によく使われる形容詞節を作る関係詞をマスターすることが一番大事で、関係詞攻略への最短ルート**だからです。

関係代名詞も関係副詞も、前の名詞に意味を関係させる、つまり前にある名詞を修飾します。関係詞の解説といえば、関係代名詞と関係副詞の違いばかりが注目されますが、まずは双方の共通点こそを知るべきです。

ミクロの視点とは？

次にミクロの視点について説明します。

ミクロの視点とは「関係詞の中に注目する」ということで、関係詞の作るカタマリが完全な文なのか、それとも不完全な文なのかという視点です。

完全な文、不完全な文とは何か。次のページにまとめました。

> 文章の「完全」と「不完全」
>
> **完全な文：主語も目的語も欠けていない状態**
> **不完全な文：主語か目的語が欠けた状態**

　つまり、関係詞が作る形容詞節の中に、本来なくてはならない主語、もしくは目的語が存在すれば完全な文、なければ不完全な文だということです。

　ここで注意しなくてはいけないのが、**あくまで「形から判断」する**、ということです。間違っても文意から判断してはいけません。文脈上「これでは意味がわかりにくいよな…」というのは一切考えてはいけないということです（詳しくは後ほど説明します）。

自動詞か他動詞かは一瞬で見抜ける

　では実際に、どうやって形から判断すればよいのでしょうか。

　主語はともかく、目的語が省略されているかどうかを見抜くためには、使われている動詞が自動詞か他動詞かを自力で判別できなければなりません。そこで、不完全な文であることを判断するための前提として、「自動詞・他動詞の判別の仕方」について簡単に説明しておきましょう。これは苦手な人がとても多いのですが、それはき

っと文法書の次のような記述が原因かと思われます。

> 📖 教科書的な説明
> **目的語をとらないのが自動詞**
> **目的語をとるのが他動詞**

確かに、自動詞・他動詞にズバッとした説明は不可能です。星の数ほど動詞があり、またパターンも多様なため、単純な法則で片付けることができず、結果的にこういう説明になってしまいがちです。

でも、動詞の意味を覚えながら、1つ1つ自動詞か他動詞か暗記するのは現実的ではありません。そこで、(例外は承知で) 自動詞か他動詞かを判別するのに有効な方法を紹介します。

自動詞・他動詞の判別方法

自動詞:「あっそう」で終わることができる動詞
他動詞:「何を?」と聞き返せる動詞

たとえば次のような感じです。

live「生きる」→「あっそう…」→ 自動詞!
run「走る」→「あっそう…」→ 自動詞!

write「書く」→「何を?」→ 他動詞!
buy「買う」→「何を?」→ 他動詞!
like「好き」→「何を?」→ 他動詞!

liveに対して「どこに?」「いつ?」「誰と?」など、いろいろな聞き方が想定できますが、「何を?」とだけは聞きませんよね。まずは「何を?」と聞いてみて、それで自然に通れば他動詞です。

もちろん100%ではありませんので、例外が出てきたときだけは覚えなければいけません。しかし、この「あっそう・何を?」で大半の動詞が一瞬で判別できますので、ぜひ知っておいてください。

文が完全か不完全かを見抜く

自動詞と他動詞の区別の仕方がわかったところで、関係詞が作る形容詞節のカタマリが完全な文か、不完全な文かを判別する方法について見てみます。

まずは関係代名詞whoの直後から文を見ていきます。ここでは関係詞の考え方に集中してもらうために、関係詞以降の英文のみ示します。

~ who has two brothers.

関係代名詞whoの後には、動詞hasの主語が見当たり

ませんね。この状態が「不完全」です。あるいは次のケースはどうでしょうか。

~ which I like best.

関係代名詞whichの後にはlikeの目的語がありません。like（好き）は「何を?」で聞き返せますね。だから他動詞で、目的語が必要です。その目的語がないということは「不完全」ということです。
今度は関係副詞のwhereです。

~ where I live.

関係副詞whereの後ろに注目すると、I liveという形がきています。live（住む）は「何を?」で聞き返せませんから、自動詞です。したがってこの形は「完全」と考えます。
先ほど、文章が完全か不完全かを文意から判断してはいけないと述べました。この例では文意だけを見ると「私は住む」で、明らかに情報不足ですが、これは完全な文なのです。判断基準は形から、というのはこういうことです。

> **関係代名詞とは何なのか**

　自動詞・他動詞の判別、文の完全・不完全の区別ができたところで、関係代名詞と関係副詞それぞれについて考えていきましょう。

　まずは大事なポイントをお伝えします。**関係代名詞の後ろには不完全な文がきます。一方、関係副詞の後ろには完全な文がきます。**

関係代名詞と関係副詞の区別 ▶

関係代名詞 ＋ 不完全な文
関係副詞 ＋ 完全な文

　最初に関係代名詞について解説していきます。さっそく、2つの文を関係代名詞を使ってつなげるプロセスを見てみましょう。

I have an uncle. ＋ He lives in Osaka.

　an uncleを修飾するために、代名詞Heを関係代名詞whoにします。

I have <u>an uncle</u>. <u>He</u> lives in Osaka.
　　　　　↓
　　　　　who
※Heは<u>主語</u>なので<u>主格</u>の関係代名詞whoに

　関係代名詞whoがan uncleを修飾するようにくっつけます。これで完成です。

I have an uncle who lives in Osaka.

　このようなプロセスで、関係代名詞を使った文ができあがります。
　ここでわかるのは、関係代名詞whoとはもともと、代名詞だったということです。代名詞は「名詞の代わりをするもの」という意味ですから、当然ながら名詞と同じ働きをします。代名詞がwhoになったということは、その後は代名詞がボコッと1つ分欠けている状態になるはずです。だから関係代名詞の後ろは不完全な文になるんです。

I have an uncle (who)　　　 lives in Osaka.
　　　　　　　　　　 ↑
　　　　　livesの主語が欠けている！

　目的語が欠けたパターンでも同じです。

This is the DVD.　＋　I bought it yesterday.

the DVDを修飾するために、代名詞itを関係代名詞whichにします。

This is <u>the DVD</u>. I bought <u>it</u> yesterday.
　　　　　　　　　　　　　　↓
　　　　　　　　　　　　　which

※itは<u>目的語</u>なので、<u>目的格</u>の関係代名詞whichに

関係代名詞whichがthe DVDを修飾するように、直後に移動させます。関係代名詞は文をくっつける接着剤のような働きをするので、2つの文のつなぎ目に持ってこなければ機能しません。主格の場合は元からつなぎ目に位置していましたが、目的格の場合には移動が必要です。

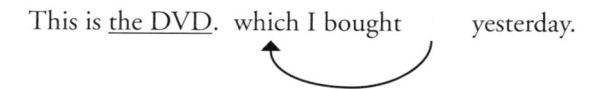

This is <u>the DVD</u>. which I bought　　　　　yesterday.

移動が終われば完了です。

This is the DVD which I bought yesterday.

先ほどと同様、関係代名詞whichの後ろは「不完全」

になります。

This is the DVD (which) I bought　　yesterday.
　　　　　　　　　　　　　　↑
　　　　　　　　　boughtの目的語が欠けている！

itはwhichになっているので、関係代名詞whichの後ろに「完全な文」がきた次のような文は間違いです。

×) This is the DVD which I bought <u>it</u> yesterday.

関係代名詞ではこの「欠けている」という感覚がとても重要です。

また、whoになったりwhichになったりする関係代名詞の変換については、以下を参照してください。もともと主語だったものが関係代名詞になるときは「主格」、目的語だったものは「目的格」と呼ばれます。

関係代名詞の変換表

先行詞＼格	主格	目的格
人	who	whom
物（動物も含む）	which	which

※すべてthatで代用可能

> **関係副詞とは？**

さて、このように関係代名詞の後ろにくるのは不完全な文ですが、次に解説する関係副詞は、先に見たように後ろには完全な文がきます。

関係代名詞の場合は、もともと代名詞だったものが関係代名詞になるから名詞、つまり主語や目的語がボコッと欠ける、不完全な形がくるのでしたね。

これをもとに考えれば、もうお気づきかもしれませんが、もともと副詞だったものが関係副詞になります。副詞というのはあってもなくても文には影響を与えない、文の要素にならないものでしたね。つまり副詞が1個なくなっても、代名詞がなくなったあの「ボコッと欠ける感覚」はないわけです。

これも今まで同様、2つの文を1つにする作業で確認していきましょう。

Asakusa is the place. ＋ He lives there.

the placeを修飾するために、副詞thereを関係副詞whereにします。

Asakusa is the place. He lives there.
↓
where

第4講 スムーズに読みこなす　213

次に、関係代名詞と同じようにwhereをthe placeの直後に移動します。そして文をつなげれば完成です。

Asakusa is the place where he lives.

関係副詞whereの後ろには「完全な文」がきていることもしっかり確認してください。

Asakusa is the place (where) he lives.
　　　　　　　　　　　　　↑
　　　　　　　　　　　完全な文

関係副詞は以下のように、全部で4つあります。

関係副詞の使い分け

関係副詞	先行詞（先行詞の例） ※「先行詞」とは関係詞に修飾される名詞のこと
where	「場所」関係（placeなど）
when	「時間」関係（time・dayなど）
why	「理由」関係（reasonのみ）
how	「様態」関係（wayのみ） ※the wayかhowのどちらかを必ず省略

今までこのような2つの視点を持たずに関係詞に取り組んでいた、という人も多いでしょう。そうであれば、

関係詞が苦手なのも当然です。とかく関係詞というと、先行詞（関係詞に修飾される名詞）が人か物かといった判別や、「先行詞が場所だとwhereを使う」ということばかり言われますが、その視点は二の次です。大事なことはここまで解説してきたように、**関係詞は形容詞節を作るということ**と、**関係代名詞がきたら後ろには不完全な文、関係副詞なら完全な文がくる**という2つの視点なのです。

返り読みしない技術

さて、最後に意味のとり方を解説していきましょう。関係詞は後ろから前にある名詞を修飾しているので、どうしても返り読みになりがちです。

This is the DVD which I bought yesterday.

「これは、私が昨日買ったDVDです」

そこで紹介したいのは、左から右へと訳し下していくテクニックです。先行詞の代入がキーになるので「**代入法**」という名前をつけたいと思います。一見、返り読みとはアプローチが違うように思うかもしれませんが、関係詞の構造を理解していないと使えない方法なので、先ほどの内容が十分に活かされます。

まずは代入法の3ステップを見ていきましょう。

代入法での訳し方

1. **切る**：関係詞の直前で文を区切る
2. **代入する**：先行詞を関係詞に代入する
3. **戻す**：(場合により) 関係詞を後ろに戻す

冒頭の This is the DVD which I bought yesterday. という文で見てみます。

① **切る** → 関係代名詞 which の直前で区切る
This is the DVD ／ which I bought yesterday.

まずは関係詞を見つけたら、その直前で区切ります。関係詞から新しい文が始まるので、その直前までが1つの文だと区切りをつけるわけです。これで実質、2つの文に分けられました。分けることで文の構造がシンプルになり、理解しやすくなります。

② **代入する** → 先行詞（the DVD）を which に代入
This is <u>the DVD</u> ／ which I bought yesterday.

次に、先行詞を関係詞に代入します。関係代名詞はもともと、先行詞と同じものを指す代名詞だったわけです。それが指すものをはっきりさせるために、先行詞を代入します。

③ **戻す** → which を本来の目的語の位置へ
This is the DVD ／ the DVD I bought　　 yesterday.

whichは目的格で、もともとは目的語だったものが前に出てきたものです。したがって、元の位置に戻してあげると意味がとりやすくなります。慣れてくれば、この作業をしなくてもそのまま意味がとれるでしょう。

また、主格の場合はもともと先頭にあるので、元に戻す必要がないというか、戻しようがありません。目的格のときのみ、この戻す作業が必要とされます。

それでは意味を考えます。

This is the DVD ／ I bought the DVD yesterday.
「これはDVDです／私はそれ（そのDVD）を昨日買いました」

これで十分に意味がとれますね。しかも前からサーッと理解できるので、読むスピードも自然と上がります。このぐらい簡単な文のときには最初の「これはDVDで

す」なんていちいち訳すのが面倒だったり、多少不自然な印象を受けたりするかもしれませんが、長い文や複雑な文のときほど、代入法は威力を発揮します。

たとえば、

He didn't get the scholarship which he wanted to study American literature.

という文を代入法で処理してみましょう。

He didn't get the scholarship ／ which he wanted to study American literature.
↓
He didn't get the scholarship ／ the scholarship he wanted to study American literature.

以上から、次のように考えます。

He didn't get the scholarship ／ he wanted the scholarship to study American literature.
「彼は奨学金を得ることができなかった ／ アメリカ文学を学ぶためにずっとその奨学金を望んでいた」

もとの文では、ついつい he wanted to ～ とつなげて読んでしまいがちですが、代入法を用いることで、he

218

wantedの後ろに本来くるべき目的語が欠けていることも意識できるというわけです。

返り読みは悪か？

　以上が、スムーズに文を読んでいくための関係詞の知識です。

　最後に補足ですが、英語教育の世界では返り読みがまるで諸悪の根源のように言われることが多いです。でも僕は、返り読みは英語をマスターするプロセスとして必要だと思っています。まずは関係詞の構造をきちんと理解して、返り読みでもいいので英文のしくみを確実に理解するということが必要だからです。前から読むことにこだわって、英文の構造を考えずに単語をつなげて雰囲気で読むクセがついてしまうと、それこそ大変です。

　ですからまだ関係詞が不安な人は、前半で述べた関係詞の構造をしっかりと理解しましょう。それは遠回りに見えてとても効率の良い勉強法です。返り読みができるようになったら次の段階として、返り読みしない代入法に入っていくのが理想です。

強制倒置

倒置を見抜く
頭をつくる

　第2講で5文型を解説しましたが、英語は語順がとても重要な言語です。たとえばbookという単語は、動詞の前にあれば主語（本が）、動詞の後ろにあれば目的語（本を）です。単語は位置で意味が決まると言っても過言ではありません。

　ところが英文を読んでいると、明らかに不自然な語順に出会うことがあります。それが「倒置」です。倒置とはあえて普段とは異なる語順にすることですが、なんでそうする必要があるのかをざっくり言うと、**通常の語順に変化を加えることで、文の印象を変え、インパクトを与える**ためです。

　この倒置、きちんと習った記憶があるでしょうか。たいていの文法書では特殊な構文みたいなくくりで、完全にその他諸々的な扱いです。解説も他の項目と同様「こういう形になる」という結果の羅列になっているので、「倒置ってよくわからん」「知らなくても大丈夫でしょ」と思うのも無理はありません。

　本書は、そういう地味で役に立たなさそうな倒置を扱います。なぜかというと、文型をマスターした皆さんに

とって、倒置がわかれば文を読むときに非常に役に立つからです。読むときだけでなく、ニュースでレポーターが使うことさえありますので、リスニングでも役に立ちます。

倒置には2種類ある

一口に倒置といっても、実は2種類あります。これ自体初めて聞く方がほとんどだと思いますので、まずはこのことをしっかりと頭に入れてください。2種類とは、否定語を文頭に出すとその後否応なしに倒置が起きる強制倒置と、文型のルールを逆手に取って順番を入れ替える任意倒置です。

> **2種類の倒置**
>
> **1 強制倒置**：文頭に否定語がきたら倒置
>   （疑問文の語順になるパターン）
>
> **2 任意倒置**：順番が入れ替わるだけ
>   （文型ごとにパターンが決まっている）

強制倒置では、文を疑問文の語順にします。そのため、疑問文ではないはずなのに、突然文頭にdoなどが出てくることもあります。大学入試の文法問題でよく出てきますので、倒置と聞くと「ああ、文頭に否定語がきたときに起きるんでしょ」と思っている英語上級者は少

なくありません。でも実は、任意倒置というもう1つの倒置があるのです。

> **否定語ってどれだけあるの?**

2つのうち強制倒置のほうが簡単なので、この項ではまずそれを解説し、任意倒置は次の項で説明します。

さて、強制倒置はこんな感じで説明されます。

> 📖 教科書的な説明
> **強制倒置とは**
> **→文頭に否定語がきたら、倒置が起きる**

この説明は要点を捉えているのですが、ちょっと言葉が足りません。否定語とは何でしょうか。すぐに思い浮かびそうなのはnotあたりですが、他の否定語を挙げてみてくださいと言われたら、いくつぐらい答えられますか。これが簡単そうで、意外と出てこないんです(not以外に3つ挙げられればかなりの実力です)。

それと、もう1つ大事なのは、倒置という言葉の意味です。**強制倒置の"倒置"とは、疑問文の語順になることを指します。これは任意倒置とは決定的に違うところです。**

では、notの仲間をチェックしながらポイントを確認します。

> **強制倒置のチェックポイント**
>
> **1 否定語をチェック**
> ❶ 完全否定　Not / Never
> ❷ 準否定　Little / Hardly / Scarcely / Rarely / Seldom
> ❸ 要注意　Only
> 　（文頭にくることを前提にしているので、先頭を大文字で表記しています）
> **2 倒置の形**
> 　強制倒置は「疑問文の語順」になる

NotとNeverは、否定語としてはメジャーです。

Never did he dream of seeing her in such a place.
「そんなところで彼女に会うなんて、彼には夢にも思わなかった」

一方、Little（ほとんど〜ない）、Hardly・Scarcely（ほとんど〜ない）、Rarely・Seldom（めったに〜ない）あたりだとどうでしょう（これらは準否定語と呼ばれます）。

Rarely have I met such a smart man.
「私はそんなに頭の切れる人に会ったことはほとんどない」

そして、もっと見落としがちなのがOnlyです。Only

は「〜しかない」という否定語扱いになるんです（例文は後ほど）。

倒置はちゃんと見抜ける

ただ、ここまでの内容は重要ですが、文法書の解説の言葉が足りない問題を除けば、だいたい説明されていることではあります。

ポイントはここからです。知識としてはわかっても、実際にどう見抜くのかがわからなければ役立ちません。**強制倒置を見抜くポイント、それは文頭に否定語を見つけたら倒置がくる、というのを強烈に意識することです。**

「……いや、そんなの当たり前でしょ！」という声が聞こえてきそうですが、いつもこれを意識することはすごく難しいのです。

なぜか。先ほど挙げた Never did he … の例文のように、否定語（Never）の直後に倒置がくる場合は、否定語も倒置も同時に視界に入るおかげで普通に見抜けます。文法書の例文は示し合わせたようにこのパターンばかりですが、実際にはそう生易しいケースばかりではありません。たとえば先頭に否定語がきて、その後に副詞（もしくは副詞句や副詞節）が挟まれて、その少し後ろに倒置がくるといったパターンはかなり多いのです。たとえば、

Never before have so many people in Japan been interested in the Middle Eastern countries.
「これまで日本でそんなにたくさんの人が中東諸国に興味を持ったことは一度もない」

　この文はNeverが文頭にきているものの、直後で倒置は起きていません。副詞であるbeforeを挟んでから、現在完了形のhaveが飛び出た形になっています。

Never before (have) so many people in Japan ~~have~~ been interested in the Middle Eastern countries.

　それでも、この文は副詞1語だけなのでまだ序の口です。これが副詞句や副詞節になって長くなると、ついつい倒置を意識するのを忘れ、後から出てきた倒置部分、V＋Sになっている変な形を見て、「なんじゃこりゃ」となってしまうのです。
　そんなときにはどうすればいいのでしょうか。1つのケースをもとに考えてみましょう。

Only when you finish your homework can you watch TV.
「宿題を終えてからでしか、テレビは見ちゃダメ」

文頭のOnlyを見て、when you finish your homework を読みながらも、「倒置がくる。疑問文の語順がくる。変な順番になっているはず」と予想しながら読み進め、can youを見つけて「よし!」と納得するわけです。その意識がある人だけが、この英文を正確に理解することができるのです。

強制倒置で何をしたいのか

　これで強制倒置はおしまいです。最後にこの倒置はどうして起きるのか、そこに潜んでいるネイティブの気持ちに触れておきましょう。

　文全体のことを考えると、いつもの文にわざわざ変化を加えるのは、その文には他の文よりも強調したいところがあるからです。では、倒置が起きている文の中ではどうか。強制倒置は、何かしらの単語が後ろから前に飛び出てくるので「前に出したものが強調される」と説明されます。確かに、稀にはそういうケースもあるでしょう。

　しかし、いくら前に出した言葉が強調されるといっても、NotやNeverだけを強調して、「ない!」という言葉をいくら強調したところで、何のことだか意味がわかりませんよね。

　実は**強制倒置には、文頭に出た否定語を目印にして「これから言うことは否定だよ!」と伝える、注目を引くという**

役割があります。そうやって注目を引いた後にその内容を詳しく述べることで、その内容自体を強調しているのです。なので強調されるのは文頭ではなく、文の後半以降です。

この、先頭で注目を引いて後ろを強調するという考え方は、ここまでは「ふーん」という感じかもしれませんが、次に出てくる任意倒置のときに大活躍しますので、頭の片隅に置いておいてください。強制倒置の最後に、ポイントをまとめておきましょう。

強制倒置のまとめ

1 心構え
文頭の否定語を見たら倒置を意識する!

2 頻出パターン
否定語(副詞) V S.

3 強調点
文頭で注目を引き、後半を強調する

第4講 スムーズに読みこなす

任意倒置
シャッフルには
パターンがある

　任意倒置はカードをシャッフルするイメージです。そのため一見めちゃくちゃに見えます。たとえば次のような文を見かけたら、英語、特に文型をしっかり学んでいる人ほどびっくりするものです。

Happy is Tom.
This story the teacher told his students.

　これは無秩序にシャッフルされているのでしょうか。もちろんそんなことはありません。もしも法則性がなければネイティブ同士だってわかり合えませんよね。**シャッフルされるパターンは、文型ごとにきちんと決まっています**。それが以下のパターンです（矢印の先が倒置の形です）。

> 📖 任意倒置のパターン
> **第1文型**　SVM → MVS
> **第2文型**　SVC → CVS
> **第3文型**　SVO → OSV

> **第4文型**　SVOO → OSVO
> **第5文型**　SVOC → SVCO

　この表を暗記せずとも、1つずつ考えていけば簡単です。文型ごとに見ていきましょう。

第1文型　SVM → MVS

　前に見たように、第1文型（SV）はたいていM（修飾語）を伴います。第1文型の任意倒置はそのMが文頭に出て、Sが後ろに引っ込みます。SとMが入れ替わるわけです。

<u>The bus</u> <u>comes</u> <u>here</u>! → <u>Here</u> <u>comes</u> <u>the bus</u>!
　S　　　 V　　 M　→　M　　V　　　S
「ほら、来たよ、バス！」

　これで倒置は完成です。でも、これはどうすれば見抜けるのでしょうか。
　文頭のHereは副詞です。ですからその後にSVがくることを予想しますが、直後にきているのはcomesという動詞です。主語が出てきていないことから倒置だと考えて、comesの直後にあるthe busを主語と考えればいいのです。

第2文型　SVC → CVS

第2文型の倒置はすごく単純です。

文型の項で解説したように、SVCとは「S = C」でした。Tom is happy. ならTom = happyということです。そこで、S = Cの左右を入れ替えたC = S、つまりCVSが倒置の形になります。数学の方程式で、「左辺と右辺を入れ替えても変わらない」というのと同じ発想です。

Tom is happy. → Happy is Tom.
　S　V　C　　→　　C　　V　S
「幸せなのは、トムです」

Happy is Tom. は文頭のHappyが形容詞で、主語になりません（文の中で主語になれる品詞は名詞だけです）。主語が出てこないうちにisという動詞が出てくるので、CVSのパターンだと考えて、isの直後にあるTomを主語と考えればいいのです。

第3文型　SVO → OSV

どんどんいきましょう。第3文型の倒置はO（目的語）が文頭に出るだけです。第2文型はSVC → CVSだったのに、どうして第3文型はSVO → OSVなんだという質問をたまに受けますが、文型の意味を考えればすぐに

わかります。

　SVCはS＝Cです。だから左右を入れ替えても問題ありません。しかし、SVOの場合はS≠Oです。入れ替えると…

Tom loves the girl.　　→　　The girl loves Tom.　？

　The girl loves Tom. では「その女の子がトムを好き」と、意味が変わりますね。だから第3文型の倒置はOSVなのです。

The girl Tom loves.
「その女の子のことを、トムは好きなんだ」

　第3文型の倒置を見抜くのはちょっとやっかいです。文頭のThe girlを見たら普通は主語だと思いますよね（文頭の名詞は主語になるのが普通です）。ネイティブでも、これを見た瞬間に目的語だとは絶対に見抜けません。では次のTom lovesを見て、ネイティブは何を考えるでしょうか。

　倒置だと気づく……わけではありません。最後まで確認すれば気づきますが、その前に考えるのは、関係代名詞の省略です。The girl (whom) Tom lovesで「その少年が好きな女の子は…」という形が英語では異常に多いので、その形を予想するわけです。

でもこの文では、その予想はすぐに修正を迫られます。その後に文全体を支える動詞が存在しないからです。

The girl Tom loves ....
ここを主語と考える → 動詞を探すが存在しない。あるのはピリオドだけ

この時点で第3文型の倒置だとわかります。もちろん動詞が出てくれば、倒置でも何でもない普通の文です。

The girl Tom loves is Nancy.
　　　　　S　　　　V
「トムが好きな女の子はナンシーです」

繰り返しになりますが、第3文型の倒置よりも、上記の関係代名詞が省略されたパターンのほうが圧倒的に目にするので、まずは関係代名詞のパターンを予想してください。それで動詞が出てこない文のときに初めてOSVという第3文型の倒置を思い出す、というのが最も効率的な考え方です。

たまにしか出てこないだけに、この倒置に気づかない人はかなり多く、逆にこれに気づけると、かなりの上級者です。

第4文型　SVOO → OSVO

　第4文型（SVOO）には目的語が2つありますが、そのうちの1つが文頭に飛び出します。感覚的には第3文型と似ています。第4文型の倒置もあまり目にすることはありませんので、一度確認しておくだけで十分でしょう。

<u>This story</u> <u>the teacher</u> <u>told</u> <u>his students</u>.
　　O　　　　　S　　　　V　　　O
「この話を、先生は生徒にしました」

　もちろんこの文も最初は関係代名詞の省略を予想します。以下は倒置ではない、よくあるパターンの文です。

<u>This story the teacher told his students</u> <u>was</u> interesting.
　　　　　　　　S　　　　　　　　　　V
「先生が生徒にしたこの話は興味深かった」

第5文型　SVOC → SVCO

　第5文型（SVOC）では、Cに形容詞がくることがあります。
　たとえばこのような文です。

Technologies have made various discoveries possible.
「科学技術によって、さまざまな発見が可能になった」

SVOCは、Cに形容詞（上記の例文ではpossible）がくる場合には必ずO＝Cが成立します。ここに倒置が起きるのですが、O＝Cということは、第2文型の倒置と同じように左辺と右辺を入れ替えても同じということで、C＝Oという倒置が想定されます。

Technologies have made possible various discoveries.

この場合、makeは他動詞で、直後に名詞がくるはずですから、Technologies have madeまで見たところで、次は名詞がくることを予想します。

ところが、直後にはpossibleという形容詞がきています。さらに進むと、various discoveriesという名詞のカタマリが出てきます。possibleがvarious discoveriesを修飾していると考えるのは意味のうえで不自然なので、makeの後には2つの要素がきていると考えます。

<u>Technologies</u> <u>have made</u> (possible) (various discoveries).
　　　　S　　　　　V　　　　　？　　　　　　？

ここで第5文型の倒置を思い出して、「SVCOになっている！」と気づければいいわけです。

任意倒置の力点

　このように、文型ごとに倒置のパターンが理解できていれば、英文を読んでいても怖くはありません。倒置を見抜けるのはもちろんのこと、「あ、ここで倒置を使っているということは、書き手が力を入れているのだな」ということもわかります。

　では、その力の入れ方を具体的に理解する、言ってみれば筆者の気持ちを正確につかむためにはどうすればいいでしょうか。最後に、強制倒置の項で少しだけ触れておいた、「倒置の力点はどこにくるのか」について考えてみたいと思います。ここからがクライマックスです。ただ、倒置になっても英文の伝える事実自体は変わりませんので、あまり気負わずに考えて大丈夫です。

　倒置ではどこに力がこもるのか、一番大事なポイントは、先頭で注目を引いて、後ろを強調するということです。

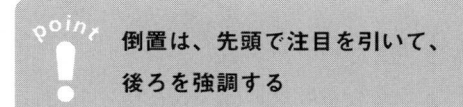

> **point!**
> 倒置は、先頭で注目を引いて、
> 後ろを強調する

　この発想は日本語でも同じです。たとえば、「もうないよ、あんたのケーキ」という文では、「もうないよ」を先に出すことで、相手の注意を引きつけます。この場合は「何がないの?」と注意を引けるわけです。その後

に「あんたのケーキ」を持ってくることで、この部分を強調しているわけです。

この発想がわかれば、倒置によって何を伝えたいのか、そのメッセージが明確に浮かび上がります。ポイントを意識して、ここまでに見てきた任意倒置の5つの文を検証してみましょう。

① **第1文型**
Here comes the bus!
「ほら来たよ、バス！」

Hereで注目を引いて、comes the bus、とくにthe busを強調しています。先頭が強調されるのではありません（バス停で待っているのですから、ここにバスが来るのは当たり前です）。バスが強調されているわけです。

② **第2文型**
Happy is Tom.
「幸せなのは、トムです」

Happyで注目を引いて、「それは誰かというと……」という感じでTomを出し惜しみして強調しています。

③ **第3文型**
The girl Tom loves.

「その女の子のことを、トムは好きなんだ」

こちらも同様です。この英文の前後の文脈として考えられるのは次のようなケースです。この文の前に、その女の子（The girl）が話題に出ていて、「その女の子といえば」という感じで切り出され、新たな話題として「トムが（その子を）好きなんだ」と展開しているときです。Tom lovesの部分、もしくはlovesの部分だけが強調されています。どちらになるかは、そのときの前後関係で決まります。

④ 第4文型

This story the teacher told his students.
「この話を、先生は生徒にしました」

This storyと、先に出た話を使って読み手の注意を引きつつ、the teacher told his studentsと展開しています。強調されているのはもちろん後半です。このとき、この部分全体が強調されるのか、最後のhis studentsだけが強調されるのかはそのときの前後関係で決まります。

⑤ 第5文型

Technologies have made possible various discoveries.
「科学技術によって可能になったのは、このようなさまざまな発見である」

Technologies have made possibleとすることで「あることが可能となりました」と注意を引いて、相手が「何ができるようになったの?」と思ったところで、various discoveriesを出して強調しています。

　このように、ただ「倒置だ」「特殊構文だ」というのではなく、倒置の見抜き方やその書き手（話し手）がどこに力点を置いているのかをつかめるようになると、英文がいかに色鮮やかなメッセージを発しているのかが、自然とわかるようになるのです。

第4講のまとめ

比較級 ▶ noには「強い否定」、notには「除外」という性質がある。

Point!
クジラの構文 (no 比較級 than …) を見たら、noから比較級とthanにそれぞれ矢印を向ければ、返り読みせずに英文の意味と主張をクリアに読める。

be to構文 ▶ 不定詞toは「未来志向」(これから〜する)。

Point!
be toは「これから〜することになっている」という意味。

so 〜 that構文 ▶ soは「それほど」という意味。

Point!
so 〜 that構文は「それほど〜だ。どれほどかというと、…なほど」と考えると、返り読みせずにネイティブ感覚で理解できる。

分詞構文 ▶ 分詞構文とは「適当に文をつないだもの」。

Point!
分詞が文頭か文中にきていたら文脈に応じて意味を考え、文末にきていたら「そして」か「しながら」と考える。

関係詞 ▶ 関係詞（関係代名詞、関係副詞）は形容詞節をつくる。
　　　　▶ 関係詞のつくるカタマリを見て、主語も目的語も欠けていなければ「完全な文」、主語や目的語が欠けていたら「不完全な文」と判断する。関係代名詞には不完全な文、関係副詞には完全な文がくる。

| Point!
返り読みしないための「代入法」をマスターする（①文を切る、②代入する、③戻す）と、文をスムーズに読むことができる。

強制倒置 ▶ 強制倒置は疑問文の語順になる。その役割は、文頭に出た否定語を目印にして「これから言うことは否定だよ」と注目を引くこと。

| Point!
文頭に否定語がきたら、強制倒置を強く意識する。

任意倒置 ▶ 任意倒置も先頭で注目を引いて後半の文を強調する。任意倒置の語順の変化は、文型によってパターン化できる。

| Point!
各文型のパターンをマスターする（よく見るのは第1文型、第2文型、第5文型）。

エピローグ

『サバイバル英文法』というタイトルを最初に目にしたとき、もしかしたら「英語を使わないといけないピンチの場面を脱する裏技のような内容」だとか、「最低限知っておいてほしい文法事項を羅列したもの」といった内容を予想されたかもしれません。確かに本書のコンセプトは「必要最低限の文法事項で英語の世界をサバイブしていく」ということですから、その意味では予想通りに思えるかもしれません。

しかし、本書をここまで読み進めていただければ、いや最初の数項目を読んだだけでも、おそらくそのアプローチが予想したものとは違うと気づき、ここまでたどり着いたのではないかと思います。

本書のアプローチは、無味乾燥な知識を暗記させることを強いるような、あるいはそれを易しく砕いて暗記させるようなものではなく、英語そのものに正面から向き合い、核心となる部分を先に押さえることで、文法事項を限りなくシンプルに収斂し、「特別な用法」や「例外」と言われていることも単に核心の延長にすぎないことを理解していくというものでした。

それぞれの項目の説明は、英語そのものの解説をし、その文法が発する真のメッセージを読み解くため、どうしても字数が多くなってしまいました。しかし、これが一見遠回りに見えて、実は効率的に英語を理解する最短

ルートであり、おそらくは英語ネイティブの頭の中にあることだということ、さらには、結局はこの考え方のほうが、英文法のルールを丸暗記するよりもラクでもあるということを、ここまできた皆さんには身をもって体験していただけたかと思います。

新たな選択肢を示す

今の英語教育での一番の問題点は「選択肢がない」ことだと僕は考えています。もちろん、現状の大半を占める知識丸暗記型での方法で勉強を満足いくまで続けられる人は、それはそれでいいでしょう。

しかし、丸暗記に嫌気がさしている人、暗記しきれない人、僕のようにルールの丸暗記に懐疑心を抱いて素直に取り組む気が失せてしまった人に対して、新たな選択肢を提示することができていないように思えます。つまり、暗記しきれないと英語はあきらめるしかない、という印象があります。

そんな中で、英語講師として「そんなことまで覚えなくてもいいのでは」「そもそも英語はもっとラクにできる」ということを説得的に示し、本書を通して新たな選択肢を提示することができれば、というのが僕の思いです。

決してラクをして成果をあげるということではなく、無駄な努力はしない、努力した分は確実に成果に結びつ

けるというスタンスです。そのスタンスならば、その勉強は「英文法を学ぶための英文法の勉強」にならず、身近な英会話にも、ビジネス英語にも、英字新聞などを読むときにもすぐに応用できます。そうしたことも、本書の中で適宜示してきました。

電車に乗れば高校生が問題集を開き、be to 構文の5つの訳し方にマーカーを引いて、一生懸命丸暗記をしています。企業講演をするときには、役員くらいの年齢の方が「どうしても文法が覚えられなくて‥‥」と相談に来られます。

今まで僕が書いてきた語学書・参考書は、累計発行部数が 100 万部に届きそうなところまできました。多くの方にお読みいただき本当にありがたく思う反面、電車内の高校生にしろ、企業での会社員の方にしろ、まだまだ圧倒的に多くの人には、新たな選択肢があることすら知られていません。

今回、皆さんと新たな出会いがあり、この選択肢を知っていただけたら、さらにはその考え方で英語を読み解いていってもらえたら、という思いでこの本を書きました。本書がどれだけの方の目に留まるのかはわかりませんが、少なくとも今この本を手にしていただいている方の英語の世界に、今までとは違った角度から光を照らし出せていたらと思っています。

英語の"森"を越えた世界へ

　プロローグで、本書で紹介する文法事項を、英語の世界という"森"の中を身軽に分け入っていくためのツールに例えました。

　皆さんの前には広大とも言える英語の森が立ちはだかり、意を決してその森に立ち入ったのだと思います。しかし、森の中に潜む危険に直面したり、進むべき方向を見失ったり、もしかしたら完全に道に迷ったことがあるかもしれません。

　そんなときに、手軽に、でも十分に役立つサバイバルキットの役目を果たせたら、というのが本書の最大のねらいです。従来のサバイバルキットでは量が多すぎます。それでは森の中を身軽に動くことができません。さらに、どの道具でも取り扱い説明書の説明が長すぎます。それではいざというときにどう効果的に使えばいいのかがわかりません。本書では「よく使う・役に立つ」という観点から、極限までツールを磨き上げ、すぐに使える状態を目指しました。

　確かに森には魅力もあります。今までは暗闇でしかなかった森も、進んでいるうちに新たな発見があるかもしれません。ときには時間の許す限り、森の中を散策するのもいいでしょう。つまり、英文法そのものに魅力を感じたときは、さらに他の文法書で知識を深めてみたり、本書で扱わなかった文法事項の核心をご自身で考えてみ

たりするのもいいでしょう。僕も森の魅力に取りつかれ、しまいには森の住人となってしまった人間の1人ですから。

でもその住人として、心に留めておかなければいけないことがあります。それは、森で迷った人には正しい道を示すこと、森の楽しさを教えつつも、早くここを脱出してもらうことです。

そもそも皆さんは、森を越えたところにある町や海などの、新たなる景色を見るために森に立ち入ったのだと思います。その場所にたどり着くために、本書で紹介したサバイバルキットを持って、華麗に森を切り抜けていってください。

目標としていた絶景を目にしたときに、手元にあるこのサバイバルキットにふと目を落とし、「これ、役に立ったなあ」と感じていただけたときに、本書はその役目を全うしたことになります。必ずその瞬間が訪れることを著者として信じて、本書を終えたいと思います。ここまでお読みくださり、本当にどうもありがとうございました。

最後に、この本に関わってくださったすべての皆様、とりわけ原稿の細部にいたるまで徹底的にチェックを入れてくださった、NHK出版の田中遼氏に感謝いたします。

関 正生

校閲	Lisa Gayle Bond
	小森里美
イラスト	前田はんきち
DTP	佐藤裕久

関 正生 せき・まさお
1975年東京都生まれ。
リクルートが運営するオンライン予備校「受験サプリ」講師。
慶應義塾大学文学部英文学科卒業後、
東進ハイスクール、秀英予備校などを経て現職。
「暗記英語からの解放」を掲げ、受験生のみならず社会人に向けた
講演・教材監修も多数行うなど幅広く活動する。
著書に『サバイバル英文読解――最短で読める! 21のルール』
『サバイバル英会話――「話せるアタマ」を最速でつくる』(NHK出版新書)
『世界一わかりやすいTOEICテストの授業』(KADOKAWA)など多数。

NHK出版新書 472

サバイバル英文法
「読み解く力」を呼び覚ます

2015年10月10日 第1刷発行
2024年3月25日 第9刷発行

著者	関 正生 ©2015 Seki Masao
発行者	松本浩司
発行所	NHK出版
	〒150-8081東京都渋谷区宇田川町41-1
	電話 (0570) 009-321 (問い合わせ) (0570) 000-321 (注文)
	https://www.nhk-book.co.jp (ホームページ)
	振替 00110-1-49701
ブックデザイン	albireo
印刷	新藤慶昌堂・近代美術
製本	藤田製本

本書の無断複写(コピー、スキャン、デジタル化など)は、
著作権法上の例外を除き、著作権侵害となります。
落丁・乱丁本はお取り替えいたします。定価はカバーに表示してあります。
Printed in Japan ISBN978-4-14-088472-0 C0282

NHK出版新書好評既刊

「中国共産党」論
習近平の野望と民主化のシナリオ

天児慧

習近平は一体何を狙っているのか。反腐敗闘争や軍事費の増強、AIIB設立など積極策を打ち出し続ける中国の行方を第一人者が冷静に見通す。

468

「絶筆」で人間を読む
画家は最後に何を描いたか

中野京子

彼らにとって、絵を描くことは目的だったのか、それとも手段だったのか。ボッティチェリからゴヤ、ゴッホまで、15人の画家の「絶筆」に迫る。

469

自衛隊の転機
政治と軍事の矛盾を問う

柳澤協二

発足以来六〇年、殺し殺さないできた自衛隊が今、変わろうとしている。どんなリスクが待ち受けているのか。元防衛官僚が、国民の覚悟を問う。

470

メイカーズ進化論
本当の勝者はIoTで決まる

小笠原治

「売れる」「作れる」「モノゴトで稼ぐ」の3つの明快な切り口で、3DプリンターからIoTへと続く"ものづくり"大変動を見通す！

471

サバイバル英文法
「読み解く力」を呼び覚ます

関正生

英文法で、もう泣かない。知識を芯で捉えて暗記を極限まで減らし、英語アタマを速攻でつくる！大学受験界のカリスマ講師による再入門書。

472